JN077203

子ども・若者の居場所と貧困支援

学習支援・学校内カフェ・ユースワーク等での取組

横井敏郎 編著

まえがき

　就学援助を受ける小中学生の比率は1995年の6.10%（77万人）から大幅に上昇し、2020年では14.42%（132万人）に上っている。貧困はさまざまな形で子ども・若者の生活と教育・進路に影響を与えているであろう。しっかりと学習に向かうことができず、遊びやスポーツ、文化活動でも十分な経験を得られない子どもが多くいる。また社会の高学歴化が進み、高卒が最低学歴と見なされるようになっているが、高校進学をあきらめたり、中退する貧困世帯の子どもも多い。

　このような状況に対して、まず貧困そのものの緩和解消が求められよう。低賃金労働を減らすとともに、学費等の低減や児童手当の大幅な増額など、子育て・教育にかかる費用の削減が必要である。

　他方で、日々の学習と生活に困難を抱える子ども・若者をいかに支えていくかも重要な課題となっている。貧困は所得の不足というにとどまらず、人とのつながりを失い、孤立した状態に置かれることを意味する。そうした状態に置かれると、支援にたどり着くこともできず、また自己尊重の意識を育んだり、将来展望を描くことも難しくなる。人は誰かとつながり、支えられながら成長していくものである。孤立しがちな状態にある子どもにとってはなおさら人との関わりをいかにもてるかが重要になってくる。

　そこで、本書ではこうした視点から生活困窮世帯の子どもの学習支援事業(注)、課題集中高校に広がりつつある高校内居場所カフェ、そしてユースワークを取り上げ、その実践の意義と課題について検討することとした。

　第1章〜第6章では学習支援事業を取り上げている。学習支援事業については、貧困対策を教育支援に置き換えるものという批判もある。確かに同事業は貧困そのものを解決するものではない。学力を高めるだけでいいのであれば、塾に通えるクーポンを発行すれば足りる。しかし、学習支援事業は学力向上にとどまらない多様な支援機能を果たしており、本書では

特に人との関わりを通じて支援する場となっている点に注目している。

　第7章・第8章では高校内居場所カフェを取り上げている。高校内居場所カフェはソーシャルワークへつなぐことを重要なねらいの1つとしているが、それは生徒との関係づくりを通して可能になっており、ここではその点から居場所カフェ実践の特質を明らかにしようとしている。

　こうした関係づくりはインフォーマルな実践であるため、その意義や特質を理解することは難しい。そこで、本書ではこうしたインフォーマル実践をより深く理解するために、ユースワークを取り上げることとした。学習支援教室や高校内居場所カフェで行われている活動は、実はユースワーク実践そのものと言ってもよいものである。第9章・第10章では日本のユースセンターの活動とイギリスのユースワークの理論を紹介し、それがどのような実践なのかを明らかにしている。

　終章では学習支援教室、高校内居場所カフェ、ユースセンターを直接的なコミュニケーションと関係性による「真正な社会」として把握し、個人化が進む現代社会においてそれがもつ意義を論じている。

　3つの取り組みはいずれも小さな場で行われているに過ぎないが、現代社会においてもつ意義はけっして小さくはない。本書を通してこれらの実践の理解が少しでも深まることを期待したい。

編者　横井　敏郎

（注）2018年の生活困窮者自立支援法改正により、学習支援事業は学習・生活支援事業として生活習慣・育成環境改善の助言等も含められるようになった。ただ、やはり学習支援が事業の中心であることに変わりはなく、本書では基本的に学習支援を用い、必要により学習・生活支援を使うこととした。

【付記】
　本研究は日本学術振興会科研費の助成を受けた。①2014〜2017年度基盤研究（B）一般JP26285169「グローバル化時代における包摂的な教育制度・行政システムの構築に関する国際比較研究」、②2018〜2021年度同JP18H00970「拡散・拡張する公教育と教育機会保障に関する国際比較研究」。

子ども・若者の居場所と貧困支援

──学習支援・学校内カフェ・ユースワーク等での取組

目次

第1章

都市部の貧困対策としての学習支援

——札幌市「札幌まなびのサポート事業（まなべぇ）」の10年から——

高嶋　真之

1. 多様な役割が期待される学習支援

　子どもの貧困が社会問題化した2000年代後半以降、貧困の世代的再生産を緩和し、子どもの貧困の是正・解消を目指した法制度の整備と事業の実施が進んだ。その中でも学習支援は、子どもの貧困対策の一手段として公私・官民を問わず多様な主体によって全国各地で取り組まれてきた。

　ひとえに「学習支援」と言っても、その具体的内容には幅がある。しばしば学習支援は、その言葉通りに受け取られ、基礎学力の向上や学習習慣の定着を目指すものへと矮小化される。無料であることが強調され、経済的な理由で学習塾に通えない子どものための「無料塾」と見做される。実際、民間の学習塾が学習支援を担っている事例も少なくない。確かに、学習塾における教科学習のように点数化されやすい「学力」と「学習」を重視した、言わば狭義の「学習支援」の必要性は理解が得やすい。

　しかし、貧困がもたらす不利は低学力・低学歴だけではない。それは、不十分な衣食住、適切なケアの欠如、文化的資源の不足、低い自己評価、不安感・不信感、孤立・排除など生活の様々な局面で複合的に現れ、年齢とともに累積されることで人生の選択肢を狭めていく（子どもの貧困白書編集委員会 2009：10-11）。このことを念頭に置くならば、狭義の「学習支援」に留まらず、それを超えたところにこそ、子どもの貧困対策に資する学習支援の可能性が見出されるべきではないだろうか。

　これまでも学習支援の学習以外の側面にも関心が向けられてきた。全国

9

の実態調査からは、実施割合の高い順に、「保護者に対する支援」（46.6％）、「修了式・お別れ会」（44.3％）、「食事の提供」（39.8％）、「面接練習」（38.1％）が並んでいる（特定非営利活動法人さいたまユースサポートネット2017）。多くの先行研究や事例報告では、学習だけではなく居場所の意義が強調され、それゆえに、これらの両立の困難さや構造的なジレンマが指摘されている（竹井他2018；成澤2018）。こうした様々な要素を併せもつ学習支援が、1つの事例の中でどのように実践されているのかという全体像を検討することは、学習支援のあり方を展望する上でも有益と考えられる。

そこで本章では、都市部において実施されている学習支援について、多様な機会と支援の提供に着目しながら、その実態を明らかにする。これを踏まえて、子どもの貧困対策としての学習支援がもつ可能性を考察し、さらなる充実を目指すにあたっての課題を提示したい。

この研究課題を遂行するために、札幌市で実施されている「札幌まなびのサポート事業（通称：まなべぇ）」（以下、実践を指して「まなべぇ」と略記する場合もある）を事例とする。後に詳述するように、まなべぇでは、実施当初から居場所の提供を重視しながら、年々、教育活動や取り組みの充実を図っていることから、適切な検討対象になると考えた。以下では、筆者らが共同で行った調査・研究（高嶋他2016）を引き継ぎながら、近年の実践の展開も踏まえて議論を進めていく。

2. 近年の政策動向

現在、最も規模の大きい公的な学習支援事業は、厚生労働省が所管する生活困窮者自立支援法に基づいたものである。2021年度には、対象となる905自治体のうち576自治体（63.6％）で実施されており、札幌市もこの中に含まれる（厚生労働省HP）。事例検討に入る前に、本節では、近年の学習支援に関する国の政策動向を確認していく。

生活困窮者自立支援法は2013年に成立し、2018年に改正された。その際、

事業名は、「子どもの学習支援事業」から「子どもの学習・生活支援事業」に変更され、事業内容は、①学習の援助に加えて、②生活習慣・生育環境の改善に関する助言、③進路選択や教育・就労に関する相談、必要な情報の提供や助言、関係機関との連絡調整が追記された（第3条7）。これにより学習支援は、生活支援と一体化した「貧困世帯の子どもの総合的支援事業」（松村 2019：11）へと意義を拡張させていった。

その後、2019年8月に子供の貧困対策に関する有識者会議（内閣府）が「今後の子供の貧困対策の在り方について」（子供の貧困対策に関する有識者会議 2019）を公表した。この提言ではまず、「現在から将来にわたって、全ての子供たちが前向きな気持ちで夢や希望を持つことのできる状態でいられるようにすることが何よりも重要である」と基本的な方針を掲げている（同上：p. 2）。その上で、学習支援が「いわゆる塾のように勉強を教えるだけ」「単なる学力向上」ではないことが強調されている。そして、これだけに留まらず、信頼できる大人との出会いの場、学習や将来への意欲の向上、文化・スポーツ・社会体験の機会、安心して過ごせる居場所になることなどが期待されている（同上：8-9）。

ここでの簡単な整理からも明らかな通り、子どもの貧困対策としての学習支援は、狭義の「学習支援」に陥ることを回避しながら、学習以外も含めた多様な機会と支援の提供へと拡大させていくことが求められている。この方向性は、この間の「子どもの貧困」理解の広がりと深まりや、学習支援実践の蓄積と発展からも首肯できるものである。その一方で、学習支援がこれほどまでに幅広い役割と機能を担うことができるのか、どのように担っているのかといった疑問が浮かぶ。さらには、学習支援の名のもとに管理が進行する危険性も指摘されており（阿比留 2021）、学習支援が何をどのように担うべきなのかといった論点の重要性も高まっている。

学習支援に対する期待が膨らみ続け、新たに「総合的支援事業」としても位置づけられ始めている今日だからこそ、いま一度、地方自治体や現場

の実態を踏まえて今後の学習支援を展望していく必要がある。

3. 札幌まなびのサポート事業

　本節では、事例となる北海道札幌市「札幌まなびのサポート事業（まなべぇ）」の実施に至る背景と、事業の制度・運営について概観し、学習支援実践の分析・検討に向けて、その前提となる情報を整理しておく。

（1）札幌まなびのサポート事業の成立

　札幌市は北海道の政令指定都市であり、その人口は約196万人（2021年7月末）と全国で4番目に多い。リーマン・ショック以降、生活保護率は急激に増加し（2008年：2.87%→2014年：3.84%）、その後は微減の傾向にある（2019年：3.65%）。政令指定都市の間で比較すると、大阪市に次いで2番目の高さとなっている。高校等進学率は、改善の傾向が見られるものの、一般世帯が約99.0%であるのに対して生活保護世帯は低い値となっている（2009年：93.5%→2016年：97.2%）[1]。また、進学先を全日制高校に限定すると、2009年度では、一般世帯が92.7%に対して生活保護世帯は74.2%となり、進学率の差は18.5%にまで広がっていた（古野 2015）。

　こうした状況が、子どもの貧困と共に政策課題に浮上し、学習支援に関する国の政策動向を受けて、札幌市でも2012年度から「札幌まなびのサポート事業」を実施し始めた。2021年度の事業目的は、「生活に困窮する世帯の中学生に対して、自ら考え・学ぶことの大切さを教え、学習習慣を身につけさせることにより基礎的な学力の向上を図り、高校進学を促進することに加えて、自尊感情や自己肯定感を持てるような居場所を提供すること」となっている（実施要綱第1条）。

（2）札幌まなびのサポート事業の制度と運営

　事業の法・制度・財政の変遷は、次表のように整理できる（【表1】）。

【表1】札幌まなびのサポート事業の制度の変遷

年度	2012	2013	2014	2015	2016〜2020
区	1区	5区	10区（全区）		
会場	5会場	25会場	30会場		40会場
定員	75人	375人	450人		600人
予算	約1,000万	約4,000万	約4,800万	約3,300万	約4,600万
	国：札幌市＝10：0			国：札幌市＝5：5	
対象	生活保護世帯の中学生			生活保護世帯の中学生 就学援助世帯の中学生	
根拠	生活保護自立支援プログラム			生活困窮者自立支援法	

出典）活動協会からの提供資料（2021年8月）より筆者作成

　2012年度の1区5会場による試験的な実施から、その規模は徐々に大きくなり、2016年度から全10区40会場となって現在に至る。定員は1会場あたり15人で計算されている。2016年度以降の予算は、約4,500万円〜4,750万円で推移しており、国と札幌市で5割ずつ負担している。対象は生活保護世帯と就学援助世帯の中学生となっている。

　生徒数の推移は下図のようになる（【図1】）。40会場・定員600人になった2016年度に生徒618人（内訳：生活保護世帯223人／就学援助世帯395人）となって最大を記録した。後で再び言及・検討するように、その後は減少傾向にあり、2020年度は生徒448人（内訳：生活保護世帯89人／就学援助世帯359人）と

【図1】札幌まなびのサポート事業の生徒数の推移

出典）活動協会からの提供資料（2021年8月）より筆者作成

なっている。

　札幌市では事業の実施にあたり、行政の直営ではなく外部団体に運営を委託している。札幌まなびのサポート事業は、毎年度、公益財団法人さっぽろ青少年女性活動協会（以下、「活動協会」と略記）が受託し続けており、「まなべぇ」という名を前面に出して事業を展開している[2]。2015年には、一般財団法人児童健全育成推進財団から「児童健全育成賞（數納賞）」を授与され、その実践は全国的な評価も受けている。

　活動協会は、1973年に設立された札幌ユースワーク協会を母体として、札幌市の出資により1980年4月に設立された財団法人である。特筆すべきは、市内各地にある児童会館や若者支援施設などの活動拠点となる施設の管理・運営を受託し、地域や子ども・若者支援を行う関連団体とのつながりを多くもっていることである。この点が、学習支援の中で多様な教育活動や取り組みを行うにあたって大きな強みとなっている。

　まなべぇの運営は、活動協会内の子ども事業課が担当している。活動協会では、各会場で運営の中心となる「学習コーディネーター」をスタッフとして配置している。学習コーディネーターは、本務である児童会館や若者支援施設の職員と兼務する形でまなべぇも担当する場合がほとんどである。この他に、主に札幌市近郊の大学生が、各会場で生徒と関わる「学習支援サポーター」（以下、「サポーター」と略記）として参加している。

4. まなべぇにおける学習支援実践の特徴

　本節では、まなべぇの実践見学や活動協会へのインタビューに加えて、筆者のサポーター経験（2014〜2016年度）に基づいてまなべぇの実践を詳述し、狭義の「学習支援」を超えた特徴的な側面を分析する。

（1）実践の概要と学習の様子

　新型コロナウイルス感染拡大以前の2018年度は、6月から翌年3月まで、

週1回2時間（平日18：15〜20：15／土曜日10：00〜12：00）、年間38回を実施した。会場ごとに多少の違いはあるものの、筆者がサポーターとして参加していた当時の会場の1日の流れは次の通りである。

18：15からまなべぇは始まる。家や学校から来る生徒もいれば、開始時間まで会場になっている児童会館で遊んでいる生徒もいる。18：30から20：00までが学習タイムで、途中に10分の休憩があり、雑談やゲームをしたりお菓子などを食べたりする。学習タイムの前後に15分程度ずつコミュニケーションタイムが設けられている。最後に、生徒は振り返りシートにその日の活動の記録を書いて、20：15過ぎに随時帰宅していく。

まなべぇでは、1人のサポーターが生徒1〜3人を見守り、生徒からの質問や雑談に応じる。特に担当が決まっているわけではなく、生徒とサポーターの組み合わせは、生徒の取り組む教科とサポーターの得意な教科の相性、生徒とサポーターの共通の話題の有無、くじ引きによる完全なランダムなどによって、柔軟かつ流動的なものになっている。

生徒がその日に取り組む学習課題は、基本的に生徒自身で決めて、家や学校から持参して会場にやって来る。学習タイムになると、学校で宿題となっているプリントやワークを終わらせる、自分で買ってきた問題集を解き進める、学校の小テストや定期テストの対策をする、高校入試の面接練習を行うなどしている。生徒の取り組み方は十人十色で、1人で黙々と集中して学習する、サポーターに質問や雑談をしながら学習する、学習はせずに友達やサポーターと雑談をするなどである。これに対してサポーターは、問題の解説をする、生徒と一緒に問題の解き方を悩みながら考える、生徒を褒めたり励ます、生徒に話しかけたり雑談に混ざる、サポーターも中学内容の復習を進めるなどしている。

総じてまなべぇの雰囲気は、緊張感が漂う静かな自習空間というより、話し声が絶えない和気藹々とした学習空間であると言える。

（2）特徴的な教育活動と取り組み

　活動協会は、「学習支援」という言葉通りにイメージされる学習塾のような教科学習だけに留まらない多様な教育活動や取り組みを、事業開始当初から継続・発展させている。以下では、まなべぇの特徴的な側面を成している3つの点を順に描き出していく。

関係づくりから生徒の声の生成へ

　学習の様子からもわかる通り、まなべぇでは、生徒とサポーターの関係づくりに重点を置いている。そのため通常回は、ただ学習タイムに勉強だけをして帰るのではなく、交流活動を行うコミュニケーションタイムも設けられている。筆者が参加していた会場では、学習タイム前にコーディネーターが中心となって「30秒スピーチ」を行っていた。これは興味をもっているニュースや長期休みの目標などのテーマを発表するもので、生徒が自分自身を表現し、参加者がお互いを知るきっかけになっていた。生徒と同様にサポーターもスピーチを行う。学習タイム後には、生徒とサポーターが混ざりながらチームに分かれて、漢字・英単語ビンゴやテーブルゲームなどのアイスブレイクを行い、参加者で親睦を深めていった。

　また、学習タイムにおいても、学習だけではなく雑談が重要かつ必要な時間の過ごし方となっている。生徒の様子を窺いながら、趣味・特技や最近ハマっていること、家や学校での出来事、サポーターの中学時代の経験など、学習とは直接関係のない話をすることがある。特に、学習に対して意味を見出せず前向きになることができていない生徒に対しては、雑談を長めに取り入れながらサポーターとの関係づくりに時間を充てる。

　初めのうちは、生徒はもちろんサポーターも緊張しており、お互いになかなか距離を縮められずにいる。学習支援であるにもかかわらず、生徒は、漢字・英単語の反復練習や教科書からノートへの書き写しなど、サポーターがいなくても自分1人で取り組むことができる「作業」を黙々とこなし、

サポーターはその「作業」を応援するだけになってしまう[3]。生徒にとって質問のハードルは、大人が想像しているよりもはるかに高い。

　ところが、意図的に設定された交流活動や何気ない雑談を積み重ねていくうちに、サポーターに対する安心感が生まれ、信頼が徐々に蓄積されていく。そしてあるとき、生徒とサポーターの関係性が変化し、学習タイムで「わからない」と助けを求める、様々な活動を共に楽しむ、進路や将来の夢について語られる、ふと不安・心配事や悩みが表出されるなど生徒からも自然と声が発せられ始める。そこからさらに、解決方法を一緒に考える、次に向けたアドバイスを受けるといった一歩踏み込んだ関わりにも発展していく。この過程を後から振り返ったとき、生徒にとってもサポーターにとっても、まなべぇが自分にとっての居場所になっている／いたという実感につながるのだろう。ときに交流活動や雑談で行われるコミュニケーションは、まなべぇにおいて学習よりも有意義な時間となり得る。

教科学習以外の多様な機会の提供

　まなべぇでは、学習と交流活動が中心となる通常回の他に、各会場で年3回「お楽しみ会」が、複数会場が合同で年1回「スペシャルまなべぇ」が特別回として行われ、普段は実現が難しい体験活動の機会を提供している。この背景には、活動協会が事業を受託し始めるときに、「日常的には体験できない活動を通して、仲間とのつながりの大切さや何事にも意欲的に取り組む気持ちを育む」「将来に対して夢や希望をもってほしい」という強い思いがあったことが挙げられる（活動協会インタビュー、2021年10月）。

　筆者が参加していた会場では、9月の「スペシャルまなべぇ」で大学見学を実施した。サポーターが中心となって大学構内を移動しながら、学部の紹介、教室や施設の見学、学食での食事などを行い、中学校とは大きく異なる大学の日常を生徒に伝えた。また、12月の「お楽しみ会」でクリスマスパーティーを開催した。生徒とサポーターがチームに分かれて、会場となっている児童会館に隠された具材カードを探し出し、手に入れた具材

を使ってチームごとにクリスマスケーキを作って食べた。他の会場では、活動協会が管理・運営をしている施設も利用しながら、料理・レクリエーション・スポーツ・野外活動などが行われている[4]。

　様々な体験活動の中でも、とりわけ食を通じた関わりは重要な意味をもつ（古野2015）。例えば、調理の過程で役割が与えられる、料理の完成に向けて他者と協力する、生徒の家庭での様子を知る、教える―学ぶという立場が逆転するなど、学習タイムだけでは得られにくい数多くのきっかけを得ることができる。活動協会は、事業開始当初からこうした体験活動や前述の交流活動を続けており、その意義が福祉行政にも理解・評価されて、2015年度から事業の目的に「自尊感情や自己肯定感を持てるような居場所を提供すること」（実施要綱第1条）が追記されることになった。

　近年のまなべぇでは、未来の自分について考えるキャリア支援にも改めて力を入れている。これは従来から意識されてきたことであり、サポーターを地域の大人ではなくあえて大学生が担い、生徒にとっての身近なロールモデルとしての役割を期待していることにも表れている。最近では新たに、生徒にとってサポーターより身近な存在であるまなべぇOB・OGの高校生を招いて、現在の高校生活の様子を語ってもらうイベントや、外部講師となるキャリアカウンセラーを招いて、中学校の学習と将来の仕事とのつながりを考えるワークショップを、「お楽しみ会」や「スペシャルまなべぇ」で行っており、キャリア支援のさらなる充実を図っている。

学習支援を通じた社会資源への接続

　これまでは、学習支援の対象となる生活困窮世帯の中学生を念頭に置いて、実践の分析を進めてきた。しかし近年のまなべぇは、支援の対象を次の二方向へと拡げながら、学習支援をさらに拡張させている。

　1つは、生徒だけではなくその保護者を含む世帯の包括的な支援である。事業開始当初は、札幌市も活動協会も、生活保護世帯ゆえに生徒の個人情報やプライバシーの保護に慎重になり、その結果、学習コーディネーター

と保護者の接点がほとんどない状態になってしまった。この反省を踏まえ、2年目（2013年度）からは、まなべぇでの取り組みや生徒の様子を伝えるメディアとして『まなべぇ通信』を年3〜4回発行し続けている。

　各会場では、学習コーディネーターが定期的に保護者に電話し、生徒の学習の状況や会場での様子などを伝えたり、欠席している生徒に出席を呼び掛けたりしている。その際、保護者から日常生活に関する相談を受け付けており、困り事がある場合は、学習コーディネーターが中心となって対応していた。しかし、本務の仕事もある中での対応は多忙を極め、まなべぇだけでできる支援には自ずと限界があった。ところが、2018年度から札幌市で新たに「子どもコーディネーター」という役職が創設された[5]。これにより、両方のコーディネーターの連携を強化しながら、適切な情報の提供や専門的な支援機関への橋渡しを行う事例が少しずつ増えている。

　もう1つは、中学校の在籍中だけではなく卒業後を含む生徒の継続的な支援である。他自治体のように事業の対象を高校生にまで広げることも考えられるが、札幌市では実現に至っておらず、実践的な課題として指摘されていた（高嶋他 2016）。そこで、いま挙げた定期的な電話連絡を、保護者からの同意が得られた家庭に対しては継続し、高校卒業まで生徒・保護者との関わりを維持してサポートができる体制を整えている。

　さらに、生徒の中学校卒業後を見据えて、活動協会内にある若者支援事業課との連携も進んでいる。その具体的な取り組みの1つが若者支援施設の会場化である。まなべぇは、活動協会の子ども事業課が管理・運営を行っている児童会館を会場として実施されているが、2017年度までに、同じく活動協会の若者支援事業課が管理・運営を行っている若者支援施設（全5ヶ所）も会場になった。その中の1つである若者支援総合センター会場（中央区）では、土曜日の午前中にまなべぇを実施しており、終了後も中学生が会場に残って学習の続きをしたり、学習コーディネーターとなっている施設職員との交流を楽しんだりすることもある。また、若者支援事業課で

は、市内各地でキッチンカーによる軽食の提供を通したアウトリーチ活動である「カフェ部」を実施し、併せて若者支援施設の認知を促進している。会場の近くで「カフェ部」が行われるときには、まなべぇの生徒にもその日時と場所を周知しており、そこに立ち寄る生徒もいる。

　このように、特に生徒の学習以外の領域については、必ずしもまなべぇだけで全ての支援を担っているわけではない。その代わり、まなべぇを通じて生活困窮世帯の生徒と保護者を様々な社会資源へと接続させることで、世帯の包括的な支援や生徒の継続的な支援を可能としている。このハブとしての機能もまた、まなべぇのもつ重要な側面になっている。

5. 子どもの貧困対策としての学習支援の展望

　以上の政策動向の整理と事例分析を踏まえて、本節では最後に、子どもの貧困対策としての学習支援がもつ可能性と課題を論じていく。

（1）学習支援の可能性とその成立条件

　まず、生活困窮世帯の生徒と保護者にとって、学習支援が学校外で学習する場と機会になっていることの意義は無視できない。それが通塾率の高い都市部であればなおさらである。しかし、経済的な理由による通塾機会の格差は貧困がもたらす不利の一部に過ぎない。この点だけを問題にするのであれば、学校外教育バウチャーによる通塾費用の公費補助や、インターネット上にある無料のオンライン授業動画の視聴で事足りる。

　したがって、これらとは異なる学習支援の可能性は、本章で重ねて強調してきた通り、狭義の「学習支援」を超えたところにこそ見出される。札幌まなびのサポート事業（まなべぇ）を振り返ると、生徒が居場所と実感できる関係づくりとコミュニケーション、交流活動・体験活動・キャリア支援のような教科学習以外の多様な機会の提供、世帯の包括的な支援と生徒の継続的な支援の提供が挙げられる。学習支援への参加自体が１つの社

会参加であり、そこからさらに別の場・活動・支援につながる可能性が高まることの意義は大きい。無論、学習支援だけで子どもの貧困に関連するあらゆる問題を解決できるわけではない。そのため、他の地方自治体や現場の事例を参照しながら、地域の実情に応じて学習支援の充実を図り、その可能性を広げていこうとする姿勢が求められる。

　併せて、こうした学習支援に固有の価値を社会に向けて積極的に発信していく必要がある。生徒や保護者、さらには実践に関わっている人々も含めて、学習支援が「無料塾」であるという認識はいまだ根強い。また、とりわけ居場所の提供がそうであるように、狭義の「学習支援」を超えた教育活動や取り組みは、その意義の言語化と伝達が難しい。だからこそ、ただ学習支援を実施して十分とするのではなく、対外的には事業の周知と理解の促進、対内的には実践の再認識と省察・改善に向けて、『まなべぇ通信』の発行のような情報発信や記録に関する実践も重要となってくる。

　ところで、このように学習支援の具体的内容が多様になればなるほど学習支援の肥大化が進み、1つの団体による単独での実施は困難になる。ましてや、今日の学習支援に期待されている取り組みは教育から福祉まで多岐にわたっており、高度な専門性を要することも珍しくはない。そこで、学習支援によって多様な機会と支援を提供可能にしていくために、別の社会資源と連携しながら支援体制のネットワークを構築していくことが不可欠となる。札幌市の場合、活動協会は、自ら子ども・若者に関する事業を展開しているだけではなく、市内の子ども・若者支援団体の中間支援組織としての役割も担っている。こうした特徴をもつ団体が事業を受託し、地域の中で有機的なつながりを創出していくことは、今後、学習支援を子どもの貧困対策として機能させ、その意義と効果を高めていく上でも望ましいと言える。

（2）学習支援の課題と再検討に向けた視点

　学習支援に様々な意義や可能性があることは、本章を含めて数多く論じられてきた。ただし、それはあくまでも学習支援に参加・出席できている子どもと保護者に限られていることを常に意識しなければならない。

　札幌まなびのサポート事業の生徒数が減少傾向にあることは先に示した通りである。入手可能なデータからは、40会場・定員600人になった2016年度以降、就学援助世帯の生徒の参加者数・参加率は一定であるのに対して、生活保護世帯の生徒の参加者数・参加率は減少傾向にある（2016年：9.5%→2020年：4.9%）ことがわかる（【図1】【図2】）。

【図2】札幌まなびのサポート事業の対象生徒の参加率

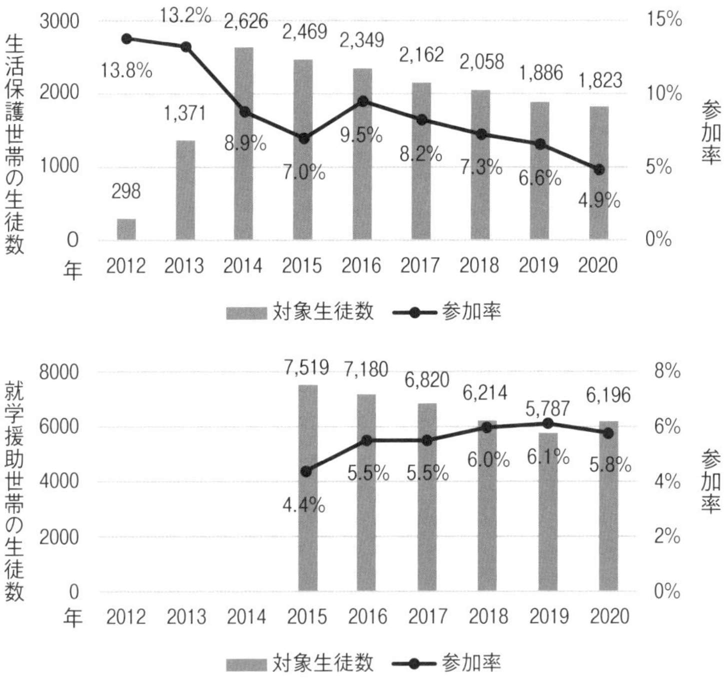

出典）活動協会からの提供資料（2021年8月）より筆者作成

　この状況をどのように解釈すべきだろうか[6]。学習支援は任意参加であり、単純に参加者数と参加率が増加すれば良いというわけではない。民間で実施している別の学習支援に参加していることも考えられる。その一方で、学習を入口とする子どもの貧困対策の限界を示しているようにも見える。学習支援にアクセスできていない／していない層に、貧困がもたらす不利が集中しているであろうことは想像に難くない。

　したがって、子どもの貧困対策としての学習支援自体が一定の成熟を見せつつある今日だからこそ、今後はより一層、学習支援の参加者／不参加者の特性や、学習支援へのアクセスといった視点から、地方自治体・現場レベルで学習支援の制度と実践の再検討を進めていく必要がある[7]。

【付記】
　本研究の実施にあたり、札幌まなびのサポート事業（まなべぇ）の関係者の皆様には、調査や資料提供のみならず、日頃から数多くの学びと交流の機会をいただきました。ここに記し、厚くお礼申し上げます。

【注】
(1) 『札幌市生活困窮者自立支援計画（2015～2017年度）』（p.9）と『札幌市地域福祉社会計画2018（2018～2023年度）』（p.28）を参照した。
(2) 過去には複数団体が競争入札に参加した年度もある。ところで、これまでは委託期間が1年であったが、2022年度から3年（2022年4月1日～2025年3月31日）に変更された。これにより、複数年を見据えた教育活動や取り組みが可能となる。今後のさらなる変化にも注目したい。
(3) 「作業」という表現は、活動協会でまなべぇの中心的役割を果たしてきた1人である古野由美子が用いている（古野 2015）。コミュニケーションを取りながら協同的に取り組む「学習」と「作業」は区別される。
(4) 2020年度には、まなべぇで初めての宿泊行事が企画されており、65人の生徒が参加を希望していたが、新型コロナウイルスの感染拡大により中止を余儀なくされた。宿泊行事のような体験活動にも一定の需要があることが伺える。
(5) 「子どもコーディネーター」は、札幌市が2018年に策定した『札幌市子どもの貧困対策計画（2018～2023年度）』に基づいて新設された役職である。主に、児童会館や子ども食堂などの巡回、相談対応、適切な支援への接続を担う。この事業も活動協会が受託しており、2021年度は、7人が各担当地区に分かれて業務にあたっている。
(6) この傾向が全国的に共通して見られるものであるのか、あるいは札幌市に特殊なものであるのか、仮に後者だったとき、その背景や原因は何かという点については丹念に検証していく必要がある。

（7）学習支援の参加者／不参加者の特性を解明しようとする試みとして、阿部彩と松村智史の
　　　研究が挙げられる（阿部・松村 2020）。

【参考文献等】
・阿比留久美「学習支援を通じた子どもの『自立』支援がもたらす管理の全面化」『大原社会問
　題研究所雑誌』No.753、2021年、18～30ページ。
・阿部彩・松村智史「子どもの貧困対策における学習支援事業：利用者の特性の分析」『社会保
　障研究』Vol.5、No.3、2020年、287～300ページ。
・厚生労働省HP「生活困窮者自立支援法等に基づく各事業の事業実績調査（令和元年度）の結果
　について」（最終閲覧日：2021年12月31日）
　https://www.mhlw.go.jp/content/000765007.pdf
・子供の貧困対策に関する有識者会議「今後の子供の貧困対策の在り方について」2019年。
・子どもの貧困白書編集委員会編『子どもの貧困白書』明石書店、2009年。
・高嶋真之・王婷・井川賢司・武田麻依・飛田岳・福田輝介・眞鍋優志・安江厚貴・篠原岳司「生
　活保護受給世帯・就学援助利用世帯・ひとり親家庭の子どもへの学習支援―札幌市における2
　つの授業の意義と課題―」『公教育システム研究』第15号、2016年、1～34ページ。
・竹井沙織・小長井晶子・御代田桜子「生活困窮世帯を対象とした学習支援における『学習』と『居
　場所』の様相―X市の事業に着目して―」『名古屋大学大学院教育発達科学研究科紀要』第65巻
　第2号、2018年、85～95ページ。
・特定非営利活動法人さいたまユースサポートネット『子どもの学習支援事業の効果的な異分野
　連携と事業の効果検証に関する調査研究事業報告書』2017年。
・成澤雅寛「学習と居場所のディレンマ：非営利学習支援団体からみえる子供の貧困対策の限界」
　『教育社会学研究』第103集、2018年、5～24ページ。
・古野由美子「札幌まなびのサポート事業（まなべぇ）の取り組み　生活保護受給世帯の中学生
　への学習支援」『北海道の臨床教育学』第4号、2015年、61～66ページ。
・松村智史「生活困窮世帯の子どもの学習・生活支援事業の成立に関する一考察―国の審議会等
　の議論に着目して―」『社会福祉学』第60巻第2号、2019年、1～13ページ。

第2章 町村での子どもの学習・生活支援事業

市原　純

　何らかの理由で教育の機会や場にアクセスしていない子どもたちは、「見えない子ども（Invisible Children）」として、特に注意を要する存在である（末富 2017）。子どもの貧困対策大綱は、あらゆる子どもへの学習機会の提供を訴え、その手段の1つとして、生活困窮者自立支援法の学習・生活支援事業（以下、学習支援）を挙げる。先行研究を見ると、都市部での学習支援の事例が多く取り上げられている。そこで本稿では、過疎化の只中にある町村に着目し、そこにいる子どもたちへ関心を向けてみたい。

　なお、町村では学習支援の他に、地域未来塾（文部科学省）、地域活性化事業（総務省等）を組み合わせ、子どもへの学習機会の提供を図る例もある（佐久間ほか 2020）。しかし本稿では町村の、貧困等で特に注意を要する子どもたちへの学習機会の提供に焦点を当て、生活困窮者自立支援法の学習支援に検討の対象を絞り、その町村における実態を見ていく。

1. すでに明らかになっていること

（1）学習支援はどこまで実施されているか

　まず、学習支援の実施範囲は、どう設定されているのか。生活困窮者自立支援法の学習支援は、福祉事務所設置自治体が実施主体となる。これは原則として市のことを指しており、町村は基本的に福祉事務所未設置自治体に当たる。生活困窮者自立支援法では、制度として各事業の実施率の向上を目指し、実態調査も毎年行われている。しかしそこで確認されている

のは、福祉事務所設置自治体における事業の実施率であった。つまり制度としては、町村での実施率を高めようとする仕組みが用意されていない。

　ならば学習支援は、町村で全く実施しない制度設計になっているのだろうか。川口（2016）によると、学習支援が町村で行われる場合は2つあり、1つは都道府県が実施主体となって行われるケース、もう1つが都道府県から権限移譲を受けて町村が実施主体となるケースである。

　では、町村で実施されている実数は、どの程度あるのだろうか。管見の限り後者の、町村が実施主体となる例の実数は確認できなかった。一方で前者の、都道府県が実施主体となるケースは、厚生労働省（2021）から実数を確認できた。2020年10月時点では、39の都道府県において、学習支援を実施していることがわかる。

　しかし実施主体となっている都道府県の実数は確認できても、それぞれはどの範囲にまで学習支援を行っているのだろうか。厚生労働省（2021）を見ても、委託団体の種別も数も都道府県によって様々で、それらが過疎化している町村に実施しているかどうかまでは、確認できなかった。

　なお、北海道総合研究調査会（2021）は、福祉事務所未設置自治体アンケート調査を実施している。全国の451町村から回答を得たもので、学習支援における支援ニーズの有無に関する質問に、「1．ある」の割合が37.3%、「2．ない」が8.9%で、約半数は「3．わからない」（47.7%）と回答していた。すなわち町村の約半数は、地元における子どもの学習支援ニーズの有無自体がそもそも不明である、と答えていた。

（2）学習支援はどう行われ、どんな困難があるか

　次に、町村における学習支援の課題は、どこまで明らかになっているのだろうか。日本能率協会総合研究所（2021）には、以下のような言及があった。いわゆる「田舎の自治体」の「中山間地」における学習支援で、スティグマによって訪問型支援が難しく、そのために拠点型支援を実施している

場合があり、通所の際の交通手段や安全確保等で困難な課題がある。さらに拠点型支援においても、スティグマが影響して利用控えが生じてしまう事態がある。そして学習支援未実施自治体からの回答では、「広い地域に少数の対象者が点在する」自治体における課題として、交通手段が問題となり、また通所がいじめ等の対象になるというスティグマの問題も影響して、事業実施を躊躇している、と述べるものがあった。

　以上の課題も踏まえ、ならば町村では、どう学習支援を実施すべきなのだろうか。その方法の検討には、大林（2020）が参考になる。大林（2020）はまず、A県が実施する町村への学習支援の詳細を紹介している。基礎学力保障がA県の学習支援の内容の中心であったが、その実践上の課題として、教育委員会や学校との連携が十分ではなく、子どもの参加対象者の選別や学習支援員の募集に難しさがあった。さらに、A県の学習支援の実践者は、学習意欲の乏しい子どもたちへ学力向上や高校入試対策を求めなくてはならず、そこにジレンマを感じていた。

　次に大林（2020）では、A県教育委員会が実施する地域未来塾を紹介し、学習支援との対照性を明らかにしていた。地域未来塾では学校との連携もスムーズに進み、子どもの参加対象者の選別や学習支援員（＝教員OB）の募集にも成功していた。特に中山間部に位置するC町の地域未来塾では、中学校を会場に全生徒を対象として平日の放課後開催することで、スティグマの問題を回避し、さらに通学バスの併用で遠隔地への送迎の困難さも回避していた。ただし、この地域未来塾の内容も、A県の学習支援と同様、学校の授業の復習や高校入試対策という、基礎学力保障が中心だった。

　大林（2020）は結論として、以下を指摘していた。学習支援でも、教育委員会や学校と連携することで、通所・交通手段の困難という町村での課題を克服し得る可能性がある。そして予算面を考えても、生活困窮者自立支援法の学習支援と地域未来塾を一体的に運営すべきである。特に中山間部では、スティグマの問題の回避のためにも、学校の全生徒を対象にする

等、学習支援を普遍的に実施する手法が効果的である。そしてA県での学習支援と地域未来塾には居場所機能がなく、学習支援の実践者はジレンマを感じていた点も鑑みると、学習支援の本来の目的である「子どもの学習権保障」の内実を、高校進学という目的に狭めず、広く吟味すべきである。

（3）ここまでのまとめ

　以上の通り、これまでの研究では、町村での学習支援の実施範囲の状況も、実施の障壁となる課題も、実施されている場合の実態も、まだ十分には調べられていなかった。そのため、まずは町村における学習支援の実態を、さらに確かめてみる必要がある。以下では、ある町村での学習支援実践者へのインタビュー調査結果を確認して、その実態を見ていきたい。

2. 調査で明らかになったことの概要

（1）どのような調査を行ったか

　2016年と2021年の2回、X県Y郡において生活困窮者自立支援法の学習支援を行っているコーディネーターに、インタビュー調査を実施した。半構造化インタビュー形式で行い、調査の基本情報は【表1】の通りである。

【表1】インタビュー調査の基本情報（対象者の職名、調査日、聞き取り時間）

仮名	職　　　　　名	調査日
P	法人Wクラブ職員、学習支援コーディネーター（2008年以降）	2016年9月14日
Q	法人Wクラブ職員、学習支援コーディネーター（2011年以降）	
R	法人Wクラブ職員、学習支援コーディネーター（2020年～現在）	2021年11月9日

（2）X県Y郡の状況と法人Wクラブの実践地域

　X県では、県内に位置する町村における学習支援を、X県が実施主体となって行っていた。X県はいくつかの郡に分かれており、それぞれの郡に

対して、地元で活動する民間団体へ事業を委託していた。

　NPO法人のWクラブ（仮名）が事業を受託し管轄しているのは、X県の郡の中の1つであるY郡全体であった。なお法人WクラブはY郡に位置する市の学習支援事業も受託していたが、本稿では町村に注目し、法人Wクラブが市で実施している学習支援は検討の対象外とする。法人WクラブがX県Y郡の学習支援に関わったのは生活困窮者自立支援法成立以前からであり、当初はX県のモデル事業等を活用して実践を行っていた。

　Y郡全体の人口は、約22万人であった（2022年1月31日住民基本台帳、以下同じ）。Y郡の自治体の中では、市の人口が最も多い。その市の人口を除き、Y郡管内の町村全ての人口を足し合わせてみると、約6万人となる。町村の中では、市のすぐ隣に位置するZ町が最も人口が多く、Z町のみ1万人を超える人口規模となっていた。そしてZ町以外の町村の人口は、それぞれ1万人に満たない。これら小規模町村はいずれも人口減少が著しく、1960年代をピークに人口は半減していた。

　Y郡には数にすると、5個以上10個未満の町村があった。法人Wクラブとしては、このY郡管内の町村全てに学習支援の案内を行っていた。しかし、実際に学習支援を行っていたのは、全体の約半数に当たる町村に住む子どもたちに対してだった。参加申し込みが、約半数の町村の子どもたちからしか来なかったからである。

　距離を確認してみる。法人WクラブはY郡で最も人口の多い市に事務所を構えていた。この事務所から、それぞれの町・村役場までの距離を測ってみると、最も距離の近いZ町までは約10キロ（車で片道約15分）であった。Z町以外の町村は距離が離れ、近いところでも約35キロ（片道約50分）、最も遠いところで約80キロ（片道約1時間半）であった。

（3）予算と職員体制

　法人Wクラブは、X県Y郡での学習支援のため、2021年度は年間約500

万円の予算を事業費として得て、実践を行っていた。2016年の年間予算は700万円以上あり、この5年間で年々予算は削減されてきた。予算使用の大部分は職員の人件費だった（人件費以外の予算情報は【表2】を参照）。予算額は減少したが、2021年度も2016年度と同様、2.5人工分の職員をX県Y郡への学習支援に割いていた。法人Wクラブの正規職員3名、パート職員2名が担当し、正規職員3名はいずれも他事業との兼務であった。

【表2】X県Y郡学習支援の頻度・予算等（2021年）

	頻　度	予算（職員人件費以外）	備　考
拠点型	・月2回開催。第2・第4土曜。 ・1回4時間(昼食時間含む) ・長期休み（夏・冬）には集中型として4日間連続で実施。	・公民館利用料 ・送迎車両の燃料費 ・学習支援員（ボランティア）への交通費（1回1,000円）	・昼食代は法人Wクラブの負担で購入し、昼食を子どもたちへ無料で提供。
訪問型	・基本的に月2回訪問。	・訪問車両の燃料費	・移動に片道1時間以上かかる3名の子どもへは月1回訪問。
通信型	・基本的に月2回郵送。	・郵送代 ・教材作成時のコピー代	

出典）インタビュー調査での聞き取り結果に基づき著者作成

（4）子どもの参加人数

2021年度のX県Y郡学習支援の参加子ども実人数は17名であり、その内訳は【表3】の通りである。なお、2016年度の参加子ども実人数は34名で

【表3】X県Y郡学習支援の人数等（2021年）

	参加子ども数	生保／それ以外		小学生／中学生／高校生			居住地までの移動時間（車・片道）		
		生保世帯	それ以外	小学生	中学生	高校生	30分未満	30分～1時間	1時間以上
拠点型	3	2	1	2	1	0	3	0	0
訪問型	7	4	3	1	5	1	3	1	3
通信型	8	3	5	5	3	0	1	5	2
合計	18	9	9	8	9	1	7	6	5

出典）インタビュー調査で得た資料と聞き取り結果に基づき著者作成
※訪問型と通信型の両方に参加している子どもが1人いる。したがって、実人数は17名となる。

あり、5年間で半減していた。

　下記で詳述するが、法人Wクラブの学習支援には3つの方式があった。1つ目が拠点型であり、Z町の公民館を借りて実施していた。2016年度は最大で1日約15人の利用があり、平均しても1日約10人程度の参加があった。しかし2021年度は1日3人の参加に留まっていた。2021年度のみ急減したわけではなく、参加人数は年々減少傾向にあり、その結果としての2021年度の上記の数値となっていた。

　2つ目と3つ目の方式は、訪問型と通信型である。Z町以外の町村に住む子どもたちには、全てこの訪問型と通信型によって学習支援を実施していた。2021年度の訪問型の参加人数は7人であり、通信型は8人だった。

　なお、拠点型・訪問型・通信型は希望によって併用も可能であるが、2021年度は訪問型と通信型の併用者が1人いるのみであった。

（5）子どもの募集方法

　X県Y郡の学習支援では、以下の4つのルートから参加希望の子どもたちを募っていた。1つ目は学校・教諭からの案内や誘いを受け、子ども・親が参加を希望するルートである。毎年度初めに、法人Wクラブが学習支援の案内のポスターとパンフレットを作成し、事業の委託元であるX県Y郡地方福祉部局へと送る。Y郡地方福祉部局が管轄の教育委員会へそのポスター・パンフレットを渡し、各小中学校へと配布され、教諭を通じて児童・生徒、保護者の方へ周知がなされる。このルートでの参加希望者は保護世帯以外の子どもが多い。

　2つ目は、Y郡地方福祉部局に所属している生活保護ケースワーカーが、担当の保護世帯の子ども・保護者へと案内するルートである。このルートでの参加希望ケースは当然、保護世帯の子どもとなる。

　3つ目のルートは、他機関からリファーがあり、調整されて学習支援につながるケースである。例として、Y郡で活動するスクールソーシャルワー

カーが関わっていた不登校の子どもに対し、訪問型学習支援が有効であると判断して、教育委員会と学校の教諭を通じて法人Wクラブへ連絡があり、訪問型学習支援の参加につながったケースがあった。そのケースでは、訪問型学習支援の助けもあって、高校進学が果たされた。

4つ目のルートは継続利用である。【表3】の通り、X県Y郡学習支援は小学生から高校生まで対応しており、例えば訪問型を利用している高校生1名は前年度中学生だった頃からの継続利用者であった。同様に小学生や中学生でも、前年度参加者が継続利用しているケースがあった。

3. 実践内容とその課題、展望

（1）拠点型の実践内容

実践内容を詳しく見てみる。拠点型の実践ではZ町の公民館を借りて実施し、参加する際は送迎も行われていた。開催日は土曜日で、原則1か月に2回開催されていた。加えて、学校の長期休暇期間（夏季・冬季）には各1回ずつ、4日間連続での集中型・拠点型学習支援も行われていた。

学習支援の内容としては、教科学習のサポートも行うが、拠点型では特に体験活動が重視されていた。2021年度以降はコロナ禍となり、例年行っていた体験活動の実施は困難な状況にあったが、それでも2021年度は、子どもたちの希望を汲み、野外体験が可能な社会教育施設へ行って、子どもたちと大人たち全員で体験活動を楽しんだ。その他、例年には焼き肉・バーベキューやスポーツ活動、花火や魚釣り、キックベース等の遊びまで、子どもたちの希望をすぐ取り入れ、みんなで経験することを大切にしてきた。さらに、学習支援員として大学生ボランティアの参加も積極的に募っており、子どもたちが様々な若者たちと交流し、関係をつくっていくことを理念として重視していた。

学習支援員としての大学生ボランティアは、2021年度の拠点型で毎回平

均2人程度の参加があった。法人Wクラブの職員が参加を呼びかけるために作成したSNSのグループには、15人程度の大学生ボランティアの登録者がいた。2021年度は主に2つのルートから、大学生ボランティアの登録者・参加者が集まっていた。1つ目は、法人Wクラブの理事をしている大学教員が、自身の研究室に所属する大学生へ呼びかけ、それで参加するルートである。2020年度以降は、以下で述べる2つ目のルートからの登録者・参加者が増えてきた。従来から法人Wクラブでは毎年、X県Y郡に所在地を置くいくつかの高等教育機関を訪ね、掲示板にポスターを貼るなどのボランティア募集活動を行っていた。2020年度にその募集ポスターを見て、大学生1名からボランティア参加があった。以降はその大学生からの口伝えで、その大学の他の大学生の間にも、登録・参加の輪が広がっていった。その大学では、ボランティア参加を単位認定する授業科目があり、単位取得を目的とした参加者が増えたのである。

　以上のルートで参加する大学生たちは、単位取得に必要な期間だけボランティアとして参加し、その後は参加しなくなる傾向もあった。また、2020年度以降、大学生ボランティアの参加者数は増加傾向にあったが、コロナ禍で大学生の対面授業やアルバイトが減少した影響も考えられ、今後、予断は許さない状況でもあった。

（2）訪問型と通信型の実践内容

　訪問型では、それぞれの子どもの自宅へ職員が訪問して学習支援を行っていた。通信型では、作成した教材を郵送する形で学習支援を行っていた。
　内容としては、訪問型は基本的に教科学習のサポートが中心だった。ただし訪問して対面で子どもや保護者と接することが可能であるため、生活支援・進路支援や保護者支援を行うことが、訪問型支援では可能となっていた。一方で通信型は完全に教科学習のサポートのみであり、それも、教材を郵送で職員が送る、という一方向のやりとり以外、基本的にはできな

いでいた。教材の郵送時は、毎回、返信用封筒も同封し、送ってほしい教材の範囲や、様々な希望や要望も受け付けていることを記載した返信用紙も同封しているが、子どもたちからの返信は滅多にない。

（3）継続的・総合的支援と関係機関との連携

　3つの学習支援の方式にいくつか共通する内容で、まだ触れていない特徴について、以下で説明したい。まず、X県Y郡の学習支援では、小学生の頃から高校生の頃まで、継続利用が可能であった。そして【表3】の通り、小学生と中学生はほぼ同数の利用者数となっていた。法人Wクラブの学習支援は、小学生という早い段階からサポートを開始していることがわかる。

　次に生活支援や進路支援について、法人Wクラブではいずれも密なサポートを行っていた。聞き取りで確認された例としては、訪問型学習支援を利用している子どもが学校でいじめを受けており、そのことが親から法人Wクラブの学習支援担当職員へと伝えられ、その親からの相談を職員は継続的に受けていた。その他、高校進学の悩みの相談も、拠点型や訪問型を利用する子どもや親から受け付けていた。2020年以降はコロナ禍となり、保護者との対面での相談受付は以前より難しくなったが、電話やメールでの相談は随時受け付けていた。

　最後に、関係機関との連携に関してはどうか。スクールソーシャルワーカーがリファーして訪問型学習支援の新規利用につながった例は上述したが、それ以外でも、不登校で訪問型学習支援を利用している他の子どもたちの状況を、スクールソーシャルワーカーが気にかけ、学習支援担当職員と連携して緩やかに状況をフォローしているようであった。特定の中学校教諭からの相談が複数回、法人Wクラブの職員へ投げかけられている例もインタビューで確認され、緩やかな連携・連絡調整が、中学校教諭・スクールソーシャルワーカー・学習支援担当職員との間で行われていた。X県Y

郡の町村を担当する生活保護ケースワーカーと学習支援担当職員との間では、直接的な連絡調整のやりとりはないが、保護世帯の子どもで学習支援の参加につながっているケースでは、基本的に生活保護ケースワーカーからの利用の勧めがあったことを予測させた。

　X県Y郡での学習支援は、すでに10年以上の実践の蓄積がある。また法人Wクラブは、地域に根差した社会福祉実践を長く行ってきた団体でもあった。その実績がX県Y郡の関係機関・専門職にも認知されており、それがX県Y郡の地域で活動する一部の関係機関・専門職との連携やリファーを可能にしていた。そして、X県Y郡で暮らしている、支援が必要な子ども・親へと、継続的で幅広い支援が行われているようであった。

（4）課題①：参加子ども数と人員体制

　法人Wクラブの学習支援は、拠点型の実践を最も大切にしているが、距離や周知の問題もあり、拠点型の参加者が増えていない。子ども募集ルートは上記の通り4つあり、継続利用ルート以外の3つの新規開拓ルートを拡張させる必要はあるが、それは教育委員会・学校教諭や地方福祉部局・生活保護ケースワーカーとの連携次第である。どう連携を広げ、特に拠点型での参加者の増加へとつなげるかが課題として挙げられていた。

　さらに人員体制の問題として、子ども募集や連携のための動きを出す余力が職員たちにないことも課題として挙げられていた。現状は、法人Wクラブの学習支援担当職員が、直接的な学習支援実践に中心的に関わらざるを得ない。本当は子どもの募集や連携を深める連絡調整等、支援に直接は携わらない間接的活動のための余力を人員体制の中からつくり出すべきだが、現状ではその余力を割くと直接支援に手が回らなくなる。

　なお、X県Y郡の学習支援実践者たちは、参加者数で実践を評価することの重要性も認識しつつ、同時に、本当に学習支援が必要な子どもたちへアクセスできているかどうか、という視点も忘れないようにしていた。学

習支援実践の質の評価は参加者数だけでは決められない、という視点も、調査の中で確認することができた。

（5）課題②：子どもたちの学ぶ意欲をいかに醸成するか

　学習支援に参加する子どもたちは、当初は周囲の大人たちの勧めで利用を開始する場合がほとんどであり、積極的に教科学習をしようという意欲を、あらかじめもっていない場合がほとんどである。そこで法人Ｗクラブとしては、特に拠点型の学習支援で体験と交流を重視し、みんなと共に過ごしたいと望む意欲が自然と高まる仕掛けを用意し、共に学び合える関係をつくろうとしていた。例えば、食事を共にすることが関係づくりに資するというねらいから、法人Ｗクラブは法人の自己負担で昼食を購入し、拠点型学習支援での昼食を子どもたちへ無料提供していた。土曜日に拠点型を実施する理由も、昼食時間を跨いだ午前・午後の時間帯を確保して、体験活動などにゆったり取り組み、内容を充実したものにするためだった。

　訪問型では子どもに対して１対１関係にならざるを得ず、集団性や多様な関係性から生まれる価値を、学習支援として提供することができない。学ぶ意欲の醸成をいかに実現するかが課題として挙げられていた。通信型ではさらにそれが難しく、郵送した教材に子どもたちはそもそも取り組んでいるのか、確認する術がなかった。通信型では、郵送時に職員の手紙や自己紹介カードを同封する案なども検討中だったが、その効果は未知数であり、郵送を通じたやりとりの限界も、インタビューでは語られていた。

（6）課題③：オンラインの活用と環境整備

　2021年調査時はコロナ禍でオンライン教育が普及し話題となっていた時期でもあった。法人ＷクラブのＲ氏もオンライン教育に注目し、距離の遠さから訪問型学習支援を少ない頻度でしか実施できていない子どもに対して、オンラインでの学習支援を組み合わせ、月に２回以上の学習支援を実

施できないか、まさに検討しているところだった。

　ただし、そこでネックになるのは通信環境や機器環境の問題である。保護世帯に関しては、必要に応じて通信環境の整備費用を支出する、という通知が保護行政から出ていることを、R氏は把握していた。しかしR氏は、X県Y郡地方福祉部局の生活保護ケースワーカーの現場レベルに、この通知の情報が行き届いているかは不明である、と述べていた。そして、保護世帯以外で機器・通信環境に不足があった場合、オンライン対応は難しい。

　職員側の環境の問題もある。2021年度にX県より、必要なタブレットの台数調査を行う書類が法人Wクラブの元にも届いていた。ただしその調査の説明の際、X県の担当者は「需要がなければゼロで構わない」と述べていた。行政側は需要がないなら整備はせず、その需要の確認に関しても行政側が基本的には消極的な姿勢を取っている、とR氏は解釈していた。

　そもそもオンライン教育の需要があるのかどうか、それを確かめるための制度的な手当てが、現状では存在していない。町村でのニーズは潜在したまま、オンライン教育のために必要な環境整備もなされない可能性が、調査からは垣間見えた。

（7）　課題④：競争入札の圧力

　生活困窮者自立支援法による学習支援は単年度事業であり、毎年競争入札がある。法人Wクラブは法が施行された2015年度から連続で事業を受託していたが、X県Y郡では毎年入札で別団体が競合している、とR氏は予測していた。結果的には毎年競合で勝ち、法人WクラブがX県Y郡の学習支援を連続して受託しているものの、入札結果が出るまで、法人Wクラブの職員は毎年緊張を強いられてきた。R氏によると、それは子どもたちへの影響を考えてのことであり、もしも競争入札の結果、法人Wクラブとは別団体が受託することとなったら、継続利用してきた子どもたちにとっては急な転校のような事態となり、これまでの子どもたち同士や職員たちと

の関係も断ち切られ、子どもたちへ無用な負担をかけることになる。以上の懸念から、法人Wクラブの職員は毎年の競争入札に圧力を感じていた。

（8）　実践上の展望

2021年調査は、インタビューに応じてくれたR氏が、学習支援コーディネーターに就任して約1年半が経過した時期に行われた。コーディネーターの交代後、時間を経て、担当職員同士の関係づくりが良好に進み、チームワークが期待できる状況となってきた。上記課題に対応するためには、人員体制に余力をつくり出し、知恵を絞り次の一手を考えていかなければならないが、そのための職員同士のチームワークが形成されつつあった。

R氏は以下のように述べていた。体験・交流を重要視する法人Wクラブの実践理念を引き続き大切にし、大学生ボランティア等多様な大人の存在と、またオンライン教育も含む様々な手段も活用して組み合わせ、離れた町村に住む子どもたちと共に体験し交流する場をつくっていきたい。子どもたちは、様々な大人や、様々な経験から刺激を受けて、それが学びへはもちろん、趣味等へも豊かにつながっていくことがあり得る。可能な限り、遠くに住む子どもたちにも学習支援に参加してもらって、学習支援の場をさらに広い学びの場とし、活動の幅も拡げていきたい。

4. 調査で明らかになったことをどう考えるか

（1）実施範囲と参加子ども数

以上、X県Y郡の町村における学習支援の実態を明らかにした。本稿はごく一部の町村の現状と課題を確かめたに過ぎないが、調査上の限界も踏まえつつ、今回明らかになったことについて、少し考えてみたい。

まず、学習支援は、町村の子どもたちにどこまで届き得るのか、という点についてである。X県Y郡の場合、子どもの募集ルートとその周知・案

内のあり方が、この点を左右していた。大林（2020）で紹介されていたＡ
県の例でも、範囲として網羅的に全ての町村をカバーできているわけでは
なかったが、Ｘ県Ｙ郡の場合も同様で、実際は管轄範囲全体の約半数の町
村に住む子どもたちにしか学習支援を実施できておらず、参加子ども数も
少なかった。参加の障壁として、距離の問題があることも具体的に確認で
きた。距離の問題は職員の負担増を招き、それが子ども募集活動の拡大や、
募集にもつながる他機関との連携の深化を難しくさせていた。

　Ａ県教育委員会の地域未来塾の例では、中学校を会場とし、その学校に
通う全生徒を対象とすることが、参加人数の確保につながっていた。Ｘ県
Ｙ郡の場合、募集や開催会場という面での教育委員会・学校との連携は弱
く、それが参加子ども数の少なさに現れていた。また、Ｘ県Ｙ郡の場合は
Ａ県と異なり、生活保護ケースワーカーとの連携による子ども参加も見ら
れたが、その数は少なかった。

　したがって、実施範囲と参加人数の面から考えると、大林（2020）の結
論と同様、教育委員会や学校との連携の重要性を、本調査結果からも言う
ことはできる。ただし、単に量的に学習支援を拡大すればそれで良いのか、
という論点も、本調査結果から得ることができている。この点も含め、下
記ではさらに吟味してみたい。

（2）内容と必要性

　Ａ県の学習支援や地域未来塾の内容が、教科学習のサポートが中心の補
習的なものだったのとは対照的に、Ｘ県Ｙ郡の学習支援は体験・交流を重
視していた。子どもたちの興味関心を汲み取り、そこから子どもたち・大
人たちで共に出来事を体験する機会のコーディネートを目指すＸ県Ｙ郡の
学習支援の方法は、学ぶ意欲の醸成という点で意義をもつように思われる。
また、特定のスクールソーシャルワーカーや中学校教諭と、Ｘ県Ｙ郡の学
習支援とが緩やかに連携し続けている様子も見られ、地域での関係機関・

専門職とのネットワーク形成も通じ、子どもの学習や生活の状況を広くサポートする姿勢が、X県Y郡の学習支援実践には存在していた。

ある状況の、ある瞬間に、最善の支援活動を決定することは至難の業である。それは、どのような支援が必要とされているのかを吟味し、そのニーズを満たすための民主的プロセスが確立されているかどうかにかかっている（トロント・岡野 2020：26）。X県Y郡の学習支援は、拠点型実践を中心に据えて子どもたちの思いを広く汲み取り、関係を編み上げて「ニーズ解釈」（トロント・岡野 2020：79）の場へと開く手法を採用していた。特に注意を要する子どもたちへ学習・生活支援を届ける際には、関係機関の専門職も含む複数の大人たちで、その子どもやその家庭のニーズ解釈を行い得る関係性を、その都度紡いでいく必要がある。X県Y郡の学習支援には、以上のような意義の萌芽も見出せる。

教育委員会や学校との連携を強めることが、学習支援の内容にまで影響し、学校教育の補完的な意味合いを強めてしまうなら、ニーズ解釈の場の縮小にもつながりかねない。そうなることを避け、潜在的なニーズを有する子どもたちへ学習支援を届けて、かつその支援内容も必要に応じて幅を拡張させ、ニーズを顕在化させていく可能性の方へ、本稿では注目したい。

以上のような観点から、学習支援における教育委員会や学校との連携のあり方については、さらなる考察が必要なように思われる。

（3）システムと環境整備

X県Y郡の町村における学習支援は、参加子ども数の減少によって、予算が削減されていた。しかし町村はそもそも人口減少に苦しみ、活用できる資源の乏しさに加え距離の問題も重なって、置かれている状況は厳しい。その地域に住む子どもたち・親たちのニーズ解釈のための労力が、より多く求められる状況にある。オンライン教育も、潜在性も踏まえてニーズ解釈する配慮が必要で、そのための制度的な手当てが要る。競争入札に脅か

されながら単年度契約で働く、学習支援実践者たちの不安定な労働環境が、地に足をつけて事業計画を立てることや、地域において関係機関との連携を広げることや、様々な実践に思い切って挑戦することなどを、いずれも難しくさせる制度的背景になっている点も見逃せない。

　原則に立ち返って考えるなら、町村で暮らす子どもへと関心を向け、配慮し、具体的に関わる中で、子どもと共にシステムを再考する必要がある。この再考に寄与する調査研究もまた、今後さらに必要になると思われる。

【謝辞】
　インタビューに応じて下さり、調査研究へご協力下さったPさん、Qさん、Rさん、法人Wクラブの職員の皆様に、厚く御礼申し上げます。地域に根付いて活動されてきた貴重なご経験を語っていただき、調査研究の進展のためのヒントを与えて下さいました。皆様の歩みに、敬意を感じております。本当にありがとうございました。

【参考文献等】
・大林正史「A県における子どもの貧困対策としての学習支援の現状と課題：生活困窮者自立支援法に基づく学習支援と地域未来塾を対象として」『鳴門教育大学研究紀要』35号、鳴門教育大学、2020年、120〜134ページ。
・川口洋誉「子どもの貧困と学習支援」『ここまで進んだ！　格差と貧困』明石書店、2016年、119〜132ページ。
・厚生労働省「子どもの学習・生活支援事業の実施状況・委託先一覧（令和2年10月時点）」（厚生労働省ホームページ、2022年2月18日アクセス、以下参照URLは同じアクセス日：https://www.mhlw.go.jp/content/000765045.pdf）、2021年。
・佐久間邦友ほか「離島における自治体主導の学習支援事業の現状と課題―沖縄県北大東村『なかよし塾』を事例に―」『琉球大学島嶼地域科学』1号、琉球大学島嶼地域科学研究所、2020年、21〜40ページ。
・末富芳「子どもの貧困対策と教育支援」『子どもの貧困対策と教育支援　より良い政策・連携・協働のために』明石書店、2017年、19〜38ページ。
・トロント・C・ジョアン、岡野八代『ケアするのは誰か？　新しい民主主義のかたちへ』白澤社、2020年（トロント・C・ジョアンの原著出版年は2015年）。
・日本能率協会総合研究所「子どもの学習・生活支援事業の支援効果を高める連携手法等に関する調査研究事業報告書」（令和2年度厚生労働省生活困窮者就労準備支援事業費等補助金社会福祉推進事業：https://www.jmar.co.jp/asset/pdf/job/public/llgr2_14_report.pdf）、2021年。
・北海道総合研究調査会「生活困窮者自立支援制度の実施状況の把握・分析等に関する調査研究事業報告書」（令和2年度厚生労働省生活困窮者就労準備支援事業費等補助金社会福祉推進事業：http://www.hit-north.or.jp/houkokusyo/r2_syakaifukushi_01.pdf）、2021年。

第3章

公設学習支援の市場化は何をもたらすか

山本　宏樹

1. 学習支援の「赤い海」

（1）青い海、赤い海

　経営学の概念に「ブルーオーシャン」と「レッドオーシャン」いう一対の概念があることをご存じだろうか（Kim & Mauborgune 2004）。

　「ブルーオーシャン」は発見されたばかりの豊かな海域である。自分たち以外に船影は見えず、海は澄みわたり、水面から魚たちが群れをなして泳ぐのが見える。海図は整備されておらず、暗礁や嵐などのリスクはあるものの、そこに競争はなく、自分たちでルールを決めてマイペースに働くことができる。

　だがそうした状況はいずれ終わりを告げる。豊かな海の存在を聞きつけた者たちが先行者の縄張りを荒らし、ひしめき合った船が収穫をめぐって血みどろの競争を繰り広げる。その結果、周囲は鉄さびと血潮に染まった「レッドオーシャン」に変わる。

　なぜそのような話をするのか。貧困状況で育つ児童生徒を対象とする公設学習支援事業をめぐって生起しているのが、まさにこの「レッドオーシャン」化だからである。

（2）学習支援市場の拡大と民間企業の参入

　公設学習支援事業は、ほんの10年ほど前まで、ごく一部の地域で行われ

ているにすぎなかったが、2015年4月の生活困窮者自立支援法の施行以来、「生活困窮者自立支援法にもとづく子どもの学習・生活支援事業」として急速に拡大してきた。

　厚生労働省の事業実績調査によると、2019年度の時点で全国の対象自治体の3分の2にあたる582自治体で実施されており、利用者実数は5万7千人、市場規模は関連事業も合わせ数十億円にのぼる。そしてその裏で進行しているのが前述の「レッドオーシャン」化である。

　急速な市場拡大のなかで一際目を引くのが民間企業の参入である。公設学習支援をめぐっては、事業を直営方式で運営する自治体は基礎自治体で2割程度、都道府県では1割以下であって、ほとんどの自治体が事業の全部または一部を民間団体に委託している現状がある（北海道総合研究調査会2021）。前述の厚生労働省の事業実績調査によると、主たる委託先となっているのは「NPO法人」（2021年9月現在、38.2％）、「株式会社等」（同23.8％）「社会福祉協議会」（同21.5％）である。そうしたなかで近年の動向として顕著なのが「株式会社等」のシェア拡大であり、2015年度に7.2％であったものが⁽¹⁾2021年度には3.3倍となり、「社会福祉協議会」を追い抜いて第2位となっている。

　個々の委託事業者で見ても、全国第1位は家庭教師派遣業で著名な株式会社であり、全国約700の委託事業のうち90以上を受託している（厚生労働省2021）。第2位は非営利法人の25事業であり、圧倒的なシェアといえよう。

　公設学習支援の市場が徐々に「レッドオーシャン」化するなかで、自治体行政と学習支援団体の関係性にも変化が迫られている。筆者の参加した調査によると、公設学習支援事業が開始されて最初の数年は自治体内部で事業者の競合が起こることは多くなく、むしろ地域に委託可能な事業者が存在しない点が自治体にとっての主要な問題とみなされていた。それが近年は民間企業の参入もあって、各地で事業者の競合が発生している。

　事業者間の競争が生起するなかで、自治体行政の事業者選定手続きのあ

り方も問われるようになっている。地域に他に委託できる事業者が存在しないといった理由で、自治体がみずからの判断で任意の事業者を選定する「随意契約」が許されてきた状況は終わり、複数の事業者のなかで公正な手続きを経て委託事業者を選定する必要が生まれているのである。

2. 事業者選定をめぐる「事件」

（1）「事件」のあらまし

　学習支援事業者間の競争が激化するなかで象徴的な「事件」が起こったのが2019年である。舞台となった自治体Ｘは国の学習支援事業がスタートする2015年以前から独自の学習支援事業を行ってきた実績を有し、現在も全国有数の事業規模を誇る。

　自治体Ｘでは学習支援事業の開始当初から地元のNPO法人に事業を委託していた。当該NPOの代表理事は「事件」当時全国60以上の団体からなる教育支援団体の代表をつとめ、厚生労働省の委託を受けて学習支援事業の全国調査を実施するなど、全国的に見て著名な学習支援事業者に成長していた。それが年度末の３月中旬に突如として契約終了となり、存続の危機に瀕したというのである。

　より細かい経緯は以下のとおりである。それまで当該自治体では事業者選定にあたって主にプロポーザル方式が採用されていた。プロポーザル方式は、ごく簡単に言えば、行政の提示した予算内で最も優れたサービスの提供を申し出た事業者に対して事業の委託を行う方式であり、公設学習支援事業の委託相手を複数候補者から選定する際のスタンダードな選定方式となっている（北海道総合研究調査会 2021：18）。

　しかし当該自治体では、2017年度の決算をめぐって議会から学習支援事業に対する「費用対効果の検証」の要請があり、それを受けた福祉部局が委託事業者の選定方法を前述のプロポーザル方式から一般競争入札（仕様

書に記された業務内容を最低価格で請け負う事業者に発注する方式）に変更したという[2]。その結果、価格競争で従来の受託者であったNPOが大手教育企業に敗れたのである。

（2）事業者選定方法の変更の影響

　本事案は、事業者選定にコスト重視の競争が導入された結果、公設学習支援分野の草分け的な存在であるNPOを後続の大手企業が破ったという点で、業界の構造転換を示す象徴的な1件として関係者に衝撃を与えた。

　しかし話はそれで終わらなかった。新年度に入り、徐々に問題が明るみになってきたのである。新聞報道によると、新事業者が仕様書で定められた開室期日を守れず「正式な授業の開始時期を4月中旬から5月の連休明けに変更」し、「一部教室で、開始時期の延期を知らずに教室に来る生徒が出るなどの混乱」があったという（毎日新聞2020）。さらに「信頼できるスタッフがいなくなったため教室に来なくなる生徒もいた」（東京新聞2019）等もあって、自治体に対して「参加者らから苦情が寄せられ」（毎日新聞2020）た、とのことである。

　結局、自治体側は11月に首長が事業の選定方式の再検討を表明（東京新聞2019）、「利用者の子どもらを対象にしたアンケートなどを踏まえ、居場所を求める子どもらのニーズに応えられていないなどと判断し、選定方法の見直しに着手」（朝日新聞2020）することになったという。

　その後、選定方式をプロポーザル方式に戻す形で行われた翌年度の事業選定の場に現事業者である企業の姿はなく、前事業者であるNPO法人が次の3年間を受託する形で元の鞘に収まる恰好となった。これが事の顛末である。

　筆者は上記の事案を新聞記者からの取材過程で聞き及んだに過ぎず、事業の引き継ぎをめぐって、どのような形でトラブルが生起したかを直接知りえる立場にない。また筆者は本事案の発生する数年前に当事者NPO団

体の受託した厚生労働省委託調査に参加した経験があり、その後は特段の接点がないものの、まったくの部外者ともいえない。そのため本事案における選定結果について中立的に論評する立場にはない。

　ただ筆者はこれまで複数の自治体で学習支援関連事業のプロポーザル選定委員として活動をしてきた。本件から公設学習支援事業をめぐる教訓を引き出し、今後の事業のあり方について一考したい。

（3）一般競争入札時の学習支援事業の実態

　委託事業者の変更にともなって上記のとおり現場は混乱したわけだが、一般競争入札の採用が議会の求めた「費用対効果の精査」という目的にとって適切な手段であったか否かはなお議論の余地が残る。というのも一般競争入札の導入によって契約金額は前年度の8,282万円から6,410万円へと23％もの減少を見ているからである。自治体の公開データによれば、年間利用者数は前年度と変わらず、利用者1人あたりの経費は2018年度の30.1万円から23.3万円まで大幅に低下したことになる。仮に支援のクオリティが大きく変わらないのであれば「一般競争入札の導入が現場に混乱をもたらした事は不幸であったが、事業費自体は効率化されたのであり、費用対効果の精査という点においては成功であった」と評価する者がいるかもしれない。

　だが話はそれほど単純ではないようだ。筆者が当該自治体から提供を受けたデータによると、確かに利用者1人あたりの経費は23％減になっていたが、同時に利用者1人あたりの支援回数も36回から28回まで24％減になっていたのである。

　さらに、公設学習支援事業では通常、ニーズをもった子どもが4月以降に順次登録を行っていくため、事業登録者・利用者数は徐々に増加していくのが普通であるが、2019年度の月次支援回数は7月にピークを迎えた後、翌年2月まで緩やかに減少している。前述の新聞報道では自治体側が年度

途中で「居場所を求める子どもらのニーズに応えられていない」という判断を下したとのことであるが、確かに苦戦している印象である。

　さらにいえば、例年3割程度である途中離脱者[3]の割合も、2019年度においては約半数に上っている。2019年度に学習支援事業に登録した子どものうち、実際には事業に参加しなかった者の割合も16％となっており、これは過去5年間で最高値である。行政が仕様書で明示した目標実利用者数も1割程度下回っており、支援1回あたりの経費で見ると2018年度の8,363円から8,464円へと微増となっている。

　また気になるのは、2020年3月期に支援が一度も行われていない点である。当時は新型コロナウイルス感染症の急速な感染拡大が社会問題化しており、3月2日から全国のほとんどの小・中・高校・特別支援学校で臨時休校が実施され、学習支援事業も開室が危ぶまれる状況にあった。ただ他方でそうした状況では生活困窮世帯の子どもの支援ニーズは高まるのであって、困難な家庭の子どもの学習と生活を包括的に支援する本事業にとっては正念場だったといえる。実際、各地で事業者が緊急度の高い利用者に限定して開室を続けたり、家庭訪問や食糧配付、電話・オンラインでの支援を行ったことが知られている[4]。当該企業においては、各家庭への映像授業と学習教材の配布によって教室開催の代替支援を実施したとのことであり、支援が完全にストップした事業者に比べればマシではあるものの、家庭訪問や食糧配付を行った気骨のある事業者と比べると、どうしても見劣りすると言わざるをえない。

　なお2020年度以降に再び受託事業者となったNPO法人の事業報告書等によると、緊急事態宣言下で事業を引き継ぎ、4月・5月は閉室中の代替支援として郵送や電話、オンラインや家庭訪問等を実施し、その後の感染拡大期においては1教室の生徒を2グループに分け、週2回開催のうち週1回を対面開催とし、週1回を電話やオンライン等による代替支援とする形で閉室を回避しているという。

最新データである2021年度のNPO実績を見ると、利用者1人あたり経費は27.5万円で、2018年度と比べて3万円ほど安く、2019年度より4万円ほど高くなっている。その一方で利用者平均支援回数はコロナ禍で全国的に事業実施の困難性が高まっており、断続的に分散通室を余儀なくされるなか、2019年度の28回から37回へと1.3倍増、登録者不参加率も16％から9％まで低下している。支援1回あたりの経費は8,464円から7,357円まで23％減となっている。

　もちろん「費用対効果」は「支援を何回行ったか」だけでは語れない。だが、少なくとも手元のデータで見るかぎりでは、一般競争入札の採用は費用対効果を向上させる手段として適切だったとは言えなさそうである。

3. 学習支援事業と「一般競争入札」

（1）一般競争入札とは

　ただ、当該自治体において「費用対効果の精査」の一環として「一般競争入札」が採用された経緯も理解できなくはない。公共調達の適正性を確保するためには「公正性、透明性、経済性、履行の確実性」の「4大要請」が存在するとされる（財務省会計制度研究会 2021：13）。ここで「公正性」とは特定の事業者に有利な競争にならないようにすること、「透明性」とは選定手続きに不正がなく公開されていること、「経済性」とは合理的な価格設定の商品やサービスを購入すること、「履行の確実性」とは契約が正しく実現されることを指す。

　一般競争入札は、前述のとおり、自治体側が指定した事業の仕様に対して最安値を提示した業者が事業を請け負う方式であるが、「公共調達の4大要請」を遵守するにあたっては基本的に優れた方式であるとされており、地方自治法でも地方自治体の契約の方式について「原則として一般競争入札で行うこと」と定められているのである（第234条第1項）。前述の随意契

約やプロポーザル方式は一般競争入札と比べて公正性（なぜその事業者なのか）や経済性（なぜその値段なのか）に疑念が挟まれやすいのである。

　そのように言うと「学習支援事業においても一般競争入札でよいではないか」と思われる読者もおられるかもしれない。今回の事案においても、所管部署は「開始当初は対応できる事業者が限られていたが、学習支援事業の広がりで実績を持つ事業者が増えてきた。仕様書通りに運営してもらうことで質は担保できると考えており、同じサービスならば価格が安い業者を選ぶべきだ」（毎日新聞 2019）と答えたという。

　だが、学習支援事業の性質を考慮する必要がある。学習支援事業において一般競争入札を導入する場合、前述した「公共調達の4大要請」のうち「経済性」や「履行の確実性」がうまく機能しないからである。

（2）事業仕様の明示の困難性

　「一般競争入札」が有効に機能するためには2つの条件が必要である。第1の条件は、自治体の要求するサービスの内容が正確に仕様書に記載されていることである。

　一般競争入札が有効に機能するのは、道路工事や事務作業、用品納入のような場合である。道路工事の場合、国土交通省の発行する「土木工事共通仕様書」で材料や工法に関する膨大な仕様が定められており、どの事業者を選定しても同一の完成品が納入されることを期待でき、完成品が仕様と異なっている場合は事後調査によって検知しやすい。

　近年、子ども福祉分野で事業の民間委託が進んでいる例として公立保育園が挙げられるが、そこでも自治体条例や厚生労働省「保育所保育指針」（2017（平成29）年告示、全40ページ）「保育所保育指針解説」（2018（平成30）年版、全379ページ）などによって事業の仕様が明確化されている。

　それらに比べて、学習支援事業においては、事業の仕様に関する蓄積が浅く、前述の2019年の自治体Xの一般競争入札の仕様書は10ページ程度で

あり、「週に○日、○時から○時まで開室する」といったレベルの仕様に留まり、子どもの性格特性に応じた対応の指針や基準を指定するには至っていない。「仕様書通りに運営してもらうことで質は担保できる」というのは十分な仕様書が存在している場合の話であって、今回の事案では質を担保できるレベルの仕様書が存在していないのである。

仕様の詳細が未確定であることは前述の「公共調達の4大要請」のうち「履行の確実性」の面で根本的な問題を生じさせる。契約が適切に履行されているか評価しようにも何が適正で何が不適正かを判断する基準がないからである。

そうした状況はモラルハザードの誘因になる。たとえば支援者が教育学的専門性の乏しい厳しい叱責や突き放した対応をとる場合があるかもしれない。対応にコストのかかる「厄介者」の生徒を排除し、熱心で行儀が良く、結果が出やすい生徒を優先して教室運営をする可能性もある。仕様書どおりに開室はしていても生徒が実質的に放置されていたり、仕様書どおりに支援記録を残してはいるものの内容が実用に耐えなかったり、指定時間外に教室にやってきた利用者を帰宅させたり、といった隔靴掻痒の支援が行われる可能性もある。仕様書に記載されていない子どもへの対応方法は事業者の善意とセンスに一任されるのであって、改善を求めても過大要求として居直られる可能性もある。

実際、前述のとおり自治体Xでは2019年度において不参加者や途中離脱者が増加し、利用者1人当たりの学習支援回数も大幅に減少したが、仕様書にそれらに関する特段の取り決めはなく、不参加者や途中離脱者への対応を十分に行わなくても契約違反とはいえないだろう。

（3）事業評価の難しさ

一般競争入札を有効に機能させるために必要な第2条件は、仕様に応じて事業を評価し、問題のある事業者に改善を求めたり、入札から排除した

りする具体的な仕組みの存在である。

　道路工事であれば、素材の質を調べたり、最悪、道路を掘り起こすなど
して検証することが可能であるが、学習支援事業においてはこれが難しい。
学習支援の質の評価をめぐっては、本来は出席率や学力上昇率、進学実績
だけでなく、高校中退防止率、利用者本人の主観的満足度や自尊感情の向
上、保護者の満足度などを踏まえた総合的な評価が必要である。評価の観
点は多角的で、教育・福祉・社会調査方法論上の専門性が必要となる。

　評価方法も「完成品」の事後点検ではなく、日々の実践が適切になされ
ているかを検証していく必要がある。対人援助である学習支援のスキルは、
声かけや相づちなどの細部に宿るのであって、一つひとつの支援プロセス
が適切かどうかを評定するには相当の専門性が必要である。

　支援の長期的効果を測るためには卒業後を含めて定期的な効果測定を続
けなければならない。「子どもの貧困対策大綱」で示された「貧困の世代
間連鎖の防止」という目標が達成されたかどうかを知るためには長期的な
追跡調査が必要である。

　このように学習支援事業は適切な評価が難しく、厳密な評価のためには
膨大なコストがかかる。現在において、日本で厳密な事業者評価を行って
いる自治体は皆無の状況であろう。

（4）学習支援事業に一般競争入札は不適切

　仕様書や評価基準が未整備の状況でもこれまで大過なく過ごせてきたの
には、事業者が善意によって内部規律を維持してきたことや、プロポーザ
ル方式等の事業者選定を通じて事業者の信頼性を検証するシステムが機能
してきた等の理由が考えられる。

　しかし一般競争入札においては仕様書に書かれた最低限度のクオリティ
を低価格で淡々と実施する機械的な事業者であることが最適戦略となり、
想定外業務に対応して「子どもの権利」を保障しようとするような「善意

の事業者」には淘汰圧がかかってしまう。安易に一般競争入札によって請負価格を低下させようとすると、事業者側は対価としてサービスの質を低下させざるをえない。その結果、事業は「安かろう悪かろう」と言うべき内容へと堕していくこととなるのである。

　本章冒頭の話に戻るならば、市場の「レッドオーシャン」化は、そこで生活を営む人々の気風（エートス）に影響を与えるという認識が重要である。

　競争が激化するほどに海域は「弱肉強食」状態となり、市場原理に精通した経営体によって純朴な個人商店が駆逐されていく。温もりのあるサービスと合理的な経営判断を両立することは難しく、生き残るために人情を捨てるか、人情に殉じて商売を潰すかという二者択一になりやすい。

　競争が激化するなかでは、生き残りを賭けて競合する他者と闘い、勝ち残ろうという意志も必要になる。「ブルーオーシャン」状態では「自分がいなければ困る人がいる」と確信できる機会も多いだろうが「レッドオーシャン」状況では他者と比較され、自身の存在意義を確信することが難しくなる。時には自身の価値を宣伝したり他者を貶めたりと、尊厳を切り売りしなければならない場面に遭遇することもある。「困っている人の力になりたい」という一心で仕事をしている心優しき人々のなかには、居たたまれなくなって血に染まった海域から去って行く者も現れる。

　競争には費用対効果を向上させる側面が確かにあるが、同時に競争に参加する人々のケア的な気風を変質させることで子ども支援の「効果」を低減させるリスクも孕む。とりわけ一般競争入札は「レッドオーシャン」状況における競争を加速させ、勝敗の基準を子ども本位のものから価格本意のものへと変質させてしまう。そうであるがゆえに一般競争入札は学習支援事業においては不適切であると言わざるを得ないのである。

　現在、一般競争入札を採用する自治体は決して多くないが、2020年度に行われた厚生労働省の委託調査によると、学習支援事業の選定にあたって「一般競争入札」「指名競争入札」など、価格のみを基準にして選定を

行う自治体がいまだに全体の5％弱存在するという（北海道総合研究調査会 2021：18）。実は、厚生労働省も「事件」以前から、自治体に対して「委託先の選定にあたっては、事業の内容を中心とした総合的な評価を行うことが事業の質の維持等の観点から適切であり、価格のみの評価を行うことはその観点から必ずしも適切でないこと」と通知を出している（厚生労働省 2018）。競争入札が不適切である旨について一層の周知を図るべきであろう。

4. プロポーザル方式の実際

（1）プロポーザル方式とは何か

ここまで選定をめぐる問題を挙げてきたが、ではどうすればよいだろうか。公共事業である以上、支援の費用対効果は最大化しなければならないし、住民への説明責任も果たさなければならない。小規模の自治体では民間事業者が参入したことによって委託事業者の確保が可能になっている側面もあるだろう。「レッドオーシャン」状況は事業者にとっては苦しいが、競争が公正かつ「子どもの最善の利益」をめぐるものである限りにおいて、子どもたちにとってはメリットもある。

その意味で、当面の代替案としては、やはりプロポーザル方式が妥当であろうと思われる。プロポーザル方式は前述のとおり自治体側が大まかな業務内容と上限価格を示した上で請負事業者を募集する方式であって「ブルーオーシャン」から「レッドオーシャン」への移行期にある現在の学習支援事業においては代表的な選定方式だといえる。

自治体に有望な競合者がいなかったり、自治体側に適切な事業費積算能力が伴っていなかったり、選定委員に専門性が不足していたりといった場合には有効性を発揮できないが、そういった点をクリアすれば、プロポーザル方式は、行政の指定した事業費あたりのパフォーマンスを最大化する

形で費用対効果の改善に寄与するだろう。

（2） プロポーザル選定委員の仕事

　プロポーザル方式の採用にあたって懸念材料になるのは「公共調達の4大要請」のうち公正性であろう。筆者は前述のとおり、ここ5年ほどの間にいくつかの自治体で子ども支援関連事業の選定に関与した経験があり、その知りうる範囲で具体的なプロセスを説明したい。

　プロポーザル選定委員会の委員の顔ぶれは自治体によって異なるだろうが、多くの場合、大学研究者などの有識者、地域の学校長、関係機関の代表、市民代表、自治体の部局責任者などが指名される。加えて委託候補者の財務診断のために税理士等の意見も聞かれる。

　選定委員は事業仕様書や評価表の作成に携わり、応募事業者が事前に提出した企画書を読み込んだ上で、選定日に一事業者あたり数十分から1時間程度の時間をとってプレゼンテーションに立ち会う。

　当日は事業者のプレゼンテーションと提出資料をもとに質疑応答を行い、プレゼンテーション後に委員同士で議論を行ったり評点を集約したりする形で、最高評価を獲得した事業者を委託候補として選定する。プロポーザル方式では、複数の領域から専門性を有する委員が参画し、各委員の評価も相互に公開される。選定委員を内輪で固めでもしない限り不正を行うのは困難であろう。

　校長であれば、受託事業者と連携する可能性があるため、相手が信頼に足る事業者かを切実に見極める必要がある。支援の実行性を評価するためにプレゼン担当者ではなく教室責任者を指名した上で、学校を長期欠席している子どもが学習支援教室に参加する場合に学校とどのように情報共有や連携をしていくかについて回答を求めたりする。

　自治体の所管部署の代表からは安全管理や食品衛生、有事の対応などについて具体的な質問がなされたりする。2020年度の新型コロナウイルス感

染症の爆発的流行で明らかになったのは、前述のとおり、事業者によって
有事の子ども支援活動に大きな格差が生じる点である。そのため閉室が続
く有事の際の支援方策などが確認される。

　研究者は、近隣教室や他事業と比べて利用者の出席率が低い点について
説明や改善方策を求めたりする。一部にせよ現実味の乏しい事業計画で委
託を勝ち取ろうとする事業者や、粉飾の疑いのある実績を提示する事業者
も存在する。そうでなくてもプロポーザルの場で語られるのは各事業者の
長所の部分であるが、学習支援事業は困難な家庭を相手にしていることも
あり、現実の支援は試行錯誤の連続であろう。成功事例の紹介は胸を打つ
が、事業者の力量を知るにはトラブル事例などの聴き取りも重要である。

　選定委員会には学習支援の現実を熟知している者、他自治体の学習支援
事業の状況との比較が可能な者、学習支援団体の耳に届かない保護者や利
用者、学習支援ボランティアの声を聴き取っている者が参加することが望
ましい。研究者にはそういった役割も求められているはずである。

　選定委員会では、応募事業者が提供するサービスの一部について、選定
委員から「一部の支援コストが通常よりかなり高額である。支援の重要性
は理解できるが、より多くの利用者に対して支援を行ったほうが事業目的
に沿うのではないか」といった踏み込んだ指摘が行われることもある。そ
れに対して事業者側からも「当該の支援こそが本団体のアイデンティティ
であり、その部分に変更を要するのであれば、他団体に委託したほうがよ
い」といった反論がなされたりする。事業者からすれば受託の辞退は死活
問題であって相当の覚悟を要する発言であろう。そういった意見交換は場
内にかなりの緊張感をもたらすが、それも「子どもの最善の利益」の保障
を考えるのであれば必要であろうし、またそうしたやりとりから事業者の
誠意が浮き彫りになる部分もある。

　プロポーザル方式は、実際にはプロポーザルそれ自体の完成度ではなく、
仕様書に記載されていない部分を含めた事業者の能力や信頼性を評価する

選定方式であり、コストだけを見れば一般競争入札より割高になるかもしれないが、一般競争入札で担保することの難しい暗黙的で実質的なサービスを金額に組み入れる点でベネフィットも多い契約方式といえる。

　なお、筆者が参加した事業はどれもプロポーザル方式とはいえ委託費はすでにかなり切り詰められており、収益性の高い事業とはいえないものであった。事業者の提案する教室長の人件費が同年代の平均年収と比べて低く、自治体が事業者の善意を搾取することにならないかと危惧する場合さえある。人権費削減は短期的には行政のメリットになるだろうが、中長期的には質のよい受託者の確保を困難にさせる可能性もある。

　本章では、2019年度に起こった選定トラブルをもとに学習支援事業の選定のあり方について検討を加えてきた。個々の自治体や受託団体の非を追及する意図はない。学習支援事業をめぐって競争が激化している点も両義的である。前述のとおり、競争が激化することで合理化を徹底した事業者が生き残り、商売っ気のない「善意の事業者」が淘汰されるという負の側面は確かにあるのだが、他方では、競争を通じてグッドプラクティスが他団体に伝播しやすくなったり、事業者の支援内容が利用者や自治体のニーズに応じたものに近づくという側面もあるだろうからである。実際、近年になるほど非営利団体と営利団体のプロポーザルの内容は見分けがつきにくくなっているように思われる。

　いずれにせよ、プロポーザル方式の事業者選定が真価を発揮するためには、評価者側に①選定能力と②評価基準が備わっていなければならない。また選定後に事業の進捗を確認する③事業評価も必要である。学習支援事業をめぐってはこれらのいずれも十分とは言い難い。

　これらについて詳述する紙幅はないが、いかなる選定方法を採用しようとも、選定時の評価だけではモラルハザードを完全に防ぐことができないという点は重要である。プロポーザル方式はあくまでも事前評価であり、

事後評価が別途必要なのである。

　今回の一件の最大の教訓は、学習支援事業の「費用対効果」を検証しようにも、そもそも支援の「効果」が明瞭でなく、費用の増減によって効果がどのように変動するかが不明確だという点であろう。例えば、本章で取り上げたトラブル事案でも「支援回数」の減少にかかわらず利用者の「高校進学率」には明確な変化は見られなかった。そのことをもってコスト削減は妥当であったと言う者がいるかもしれない。

　もちろんこの考え方は間違っている。学習支援事業の利用者は継続的に参加している時点で非利用者に比べて進学意欲が高いはずであり、支援回数を大幅に削減したとしても「高校進学率」は不参加者と比較して高くなる可能性がある。また各自治体に定員割れの高校があるわけで、進学自体も必ずしも難しいとはいえない。その意味で高校進学率を学習支援事業の成果指標として重視することはあまり意味のあることではない。

　前述したように「利用者の満足度」や「高校中退率」など、他に重視すべき指標は多い。何が学習支援事業の適切な手法や成果指標となるのか今後十分な議論が必要であろう[5]。

【注】
(1) 2015年度のデータは厚生労働省「生活困窮者自立支援制度事業実施状況調査（平成27年度）の結果について」より。いずれも自治体の委託先に当該法人が含まれるか否かを複数回答で集計した数値である。
(2) 会議録の収集にあたって、下記のWebブログを参考にした。むーん en France「なぜXの学習支援事業が『随意契約』から『一般競争入札』へと入札方式が変更されたのか」note 2019/04/28 https://note.com/moon_en_france/n/nccbab17a632b
(3) 2019年度は3月に学習支援が行われなかったため、当該年度の実参加者のうち2月に一度も通室しなかった者を途中離脱者とした。なお当該年度の3月に学習支援事業に登録した者は母数から除いている。
(4) 例えば、一般社団法人彩の国子ども・若者支援ネットワーク（https://www.saitama-np.co.jp/news/2020/06/19/09_.html）、認定NPO法人カタリバ（https://www.kataiba.or.jp/news/2020/03/02/20965/）、認定NPO法人キッズドア（https://peraichi.com/landing_pages/view/kidsdoorcovid19/）などが有名である。
(5) 詳述することができないが、学習支援事業の評価指標の一案として沢田（2019）の研究が

参考になる。沢田は①福祉的支援（社会的包摂機能、相談援助機能、生活困窮支援機能）、②教育的支援（学習面の発達保障機能、子どもの貧困解消の主体育成の機能）、③発達の権利主体としての子どもの内面的発達を促す支援と権利擁護の支援の役割（発達の権利主体としての内面的発達の支援と権利擁護機能）の３種６区分からなる「教育・福祉融合支援型モデルに基づく学習支援事業の評価指標（試案）」を提案している。③は抽象的で理解しにくいが、より具体的には「セルフエスティーム向上の支援機能」「エンパワメントの支援機能」「権利擁護機能」からなる（沢田 2019）。

【謝辞】
　本稿の執筆にあたって情報を提供してくださったすべての方に、この場を借りて感謝を申し上げる。なお、本研究は科研費（18K02399）の助成を受けたものである。

【参考文献等】
・朝日新聞「学習支援事業の委託先決まるX」2020年３月２日付。
・Kim, Chan W. & Mauborgne, Renée: *Blue Ocean Strategy: How To Create Uncontested Market Space And Make The Competition, Irrelevant. Boston, Mass.* : Harvard Business School Press, (2015). W・チャン・キム、レネ・モボルニュ『ブルー・オーシャン戦略』有賀裕子訳、ランダムハウス講談社、原著2005年、邦訳2005年。
・厚生労働省「生活困窮者自立支援制度に係る自治体事務マニュアル（第３版）」2018年10月１日。
・厚生労働省「子どもの学習・生活支援事業の実施状況・委託先一覧」2021年９月時点。
・財務省会計制度研究会「会計制度（契約）に関する論点について」2021年。
・沢田直人「学習支援における教育・福祉の統合的支援とその評価指標について」『日本教育政策学会年報』第26号、2019年。
・東京新聞「学習支援事業　運営委託の選定方法見直しへ X」2019年11月24日付。
・北海道総合研究調査会「生活困窮者自立支援制度の実施状況の把握・分析等に関する調査研究事業報告書」厚生労働省令和２年度生活困窮者就労準備支援事業費等補助金社会福祉推進事業、2021年３月。
・毎日新聞「学習支援事業X、委託事業者を変更で混乱　準備間に合わず、教室開始は来月に」2019年４月24日付。
・毎日新聞「子どもの貧困対策に学習塾参入、問題は？　価格競争になるケースも」2020年２月16日付。

第4章 学習支援事業の「可能性」
────さいたまユースサポートネットが生み出したもの────

青砥　恭

1. 1人の高校教師が見てきた子どもの貧困

（1）日本の子どもの貧困対策の方向性

　まだ高校の教師だった2007〜2008年に、埼玉、東京、神奈川など首都圏だけでなく大阪など関西圏にも出かけ、高校を中退した若者とその親、その周辺の教師、保育士、児童相談所や市役所の福祉課、子育て支援課のケースワーカーなど困難を抱えた子どもや親支援にかかわる人たちから、若者たちの学校での生活、家族の仕事、中退後のアルバイトや日常の生活などを聞いた。その聞き取りと筆者が1990年代から2000年代にかけて収集したデータで、高校を中退する生徒の状況から、日本社会の格差と貧困の実態を示したのが『ドキュメント高校中退』（2009）だった。

　高校を中退した若者たちを訪ねると、その若者たちは貧しさだけでなく、社会的に排除される可能性のある複数の「リスク要因」を持っていた。親の低賃金労働、幼児期での両親の離婚、親（継親）のDVや虐待・ネグレクト、親のギャンブルやアルコールなどの依存症、親の精神疾患・障害、中には親の自死などを要因とする家庭の崩壊などである。そんな中で、学ぶ意欲にとどまらず、すべてに投げやりな「生きる意欲の喪失」が感じられる若者たちもいた。

　では、生活保護制度をはじめとする日本の貧困対策制度は子どもの貧困対策として、どう機能してきたか。2013年の子どもの貧困対策推進法の制

定以来、現物給付が拡大する一方、現金給付は抑制され続けてきた（広井2021）。

　現金給付が中心の生活保護は、小泉政権下の2005年、安倍政権下の2013年と2018年と3度にわたって大幅な削減が行われ、3歳未満の子ども等に対する「児童養育加算」は2018年の見直しで、1.5万円から1万円へ、児童手当の金額よりも引き下げられた。学習支援費も定額から実費に限定され、扶助の対象もクラブ活動費のみとなった。その結果、子育て世代の生活保護費は、子どもの貧困対策以後減額され続けてきた。

　40代夫婦と小学生・中学生の世帯の場合、2013年4月の生活扶助基準（本体のみ、都市部）は約20万円だったが、2020年は17.6万円、40代のひとり親と小学生・中学生の世帯の場合は、同じく16.8万円から14.7万円に減少する（桜井2018）。その一方で、収入を増やし、「自立」させるための「生業扶助」が拡充されている。2005年度に生業扶助の一環として、高校生の学用品費、授業料、教材代などを支給する「高等学校等修学費」、2007年度には「ひとり親世帯就労促進費」が設置され、2013年には、「生活困窮者自立支援法」が制定され、子どもの貧困対策として、「自立支援」の一環で「子どもの学習・生活支援事業」（2022年現在）が任意事業として創設された。

　このように、生活保護制度においても、現在の生活を直接、支えるための現金給付が抑制されつつ、将来の生活を支える、子どもの教育や親の就労を促進するための現物給付が拡大している。

　たしかに、生活困窮者自立支援法における学習・生活支援制度は、学校で排除を受ける可能性の大きい困窮層の子どもたちにとって、学校で得られないコミュニティ形成が可能な場になっていることは確かである。しかし、現物給付は拡大するが現金給付は抑制するという政策の方向は、子どもの「現在の貧困」を解決するという点からは不十分であることは指摘せざるをえない。

（2）子どもの貧困対策の限界と自助

「子どもの貧困対策推進法」は、子どもの貧困が日本社会全体に放置できないレベルに達しているという認識が広まったことを背景に、2013年、子どもの貧困対策を国と地方公共団体の施策として推進することを目的に成立した。子どもの貧困対策に組織的に取り組む制度ができ、地方自治体とボランティア団体の協働がスタートした意味は大きい。

しかし、2019年3月の国連子どもの権利委員会の勧告で、日本の子どもの貧困対策には、「資源配分の十分性、有効性、公平性の監視」に課題があり、日本の富の再配分のシステムの改善が求められ、評価の具体的指標（目標数値）を策定することなどが勧告された。

他にも、「子どもの貧困対策推進法」は当初から課題をもっていた。それは、①「将来の貧困の連鎖の解消」を課題としていて、「今の貧困からの離脱」を目的としたものではないこと、②子どもの貧困削減の目標を持っていないこと、③数値はすべて、従来からある既成の一般教育制度の成果指標（高校進学率など）であることだった（中嶋2020）。これらの批判は、上記の広井らによる「今日の子どもの貧困対策は、使途がある程度親に任されている現金給付を抑制あるいは削減して、教育や保育という特定の現物給付を拡充している」、「子どもの切迫した貧困を直接解決することができない」などという指摘と底通するものであろう。広井はこの点をこのようにまとめている。

「結論的に言えば、子どもの貧困対策が現金給付を抑制するのは、現金給付が子どもの生活や生存を国家と社会が直接保障する制度だからだろう。それに対し現物給付の拡充は、教育機会や就労のチャンスを広げることによって、（貧困問題を『所得の再配分の失敗』として捉えるのではなく）子ども自身が『貧困の連鎖』を断ち切るための政策である。したがって、今日の子どもの貧困対策は子どもを支援しつつも、貧困の解消そのものに責任

を負うことはなく、その解決を子ども自身に委ねるものと言えるだろう（個々の家庭の問題として捉える）。」（広井 2021）。

その前提には、子どもの養育は親に「第一義的」に責任があるとする、「公助ではなく自助」論がある。この論が正しいとすれば、子どもの貧困対策として様々な提案がなされているが、「貧困の連鎖」を断ち切るという目的に沿った政策、立案しか現状では実現しないことになる。

しかも、「子どもの貧困対策推進法」がもともと理念法としてつくられたものであること、「貧困の連鎖論」が中心で、将来の日本社会を支える人材育成に目標が置かれ、子どもが権利要求の主体になっていないという批判もあったが、これらも法の立法目的がそうであれば、その枠の中でしか、子どもの貧困対策はできないということになる。

（3）日本の貧困の現実

見えづらい日本の貧困

日本社会で、最低限の生活水準を維持するための収入以下世帯とされる「相対的貧困」下で生活する20歳未満の子どもは約290万人（2017年の20歳未満の子どもの数は2,160万人、相対的貧困率13.5％）とされるが、生活保護世帯の子どもの数は約26万3千人（厚生労働省「被保護者調査」より、内閣府子供の貧困対策推進室）であって、10分の1に満たない[1]。

長年、ホームレスの人たちの支援活動をしている稲葉剛によると、2013年の生活保護制度の引き下げの際、影響を受けた制度は38件に上るが、もっとも影響を受けたのは就学援助の基準だったという[2]。生活保護の基準が下がると就学援助の基準も下がることになる。日本の生活保護制度は生活保護を申請すると、「扶養照会」といって、家族に問い合わせがいく。各国の公的扶助制度、貧困対策に比べて、非常に家族主義的な側面が強い（稲葉 2019）。筆者も同様の調査を行っている（青砥 2012）。

このように、日本における貧困問題の最大の課題は、「支援が必要な人

を行政が適切に把握していない」ことと、「必要な人に支援が届かない」ことであって、貧困を家族の中に閉じ込めていることである。貧困を社会的問題としなかったことで、日本の貧困はさらに見えないまま放置された。

この20年の不況による貧困化は家族の変容と非正規雇用の増大など、働き方・社会保障制度の役割など法制度の不備から、さらに状況は厳しくなった。20年間の不況の影響をもっとも受けたのは社会制度によって守られなかった低所得層である。岩田正美は「失われた20年」は以前からの貧困に新たな不安定化を深化するプロセスが重なり合ったことで貧困の固定化を深刻化させたという（岩田2017）。

制度から取り残される「外国につながる子どもたち」と学習支援

A市には外国につながる子どもや若者が増え続けている。中には、小学校入学の前後に日本に来て、日本語も母語も十分にできないという中高生もいる。外国人の子どもたちには授業の内容がわからないことにとどまらない、人間として悩んだり苦しんだりする母語が育っていない子どもたちもいる。日本には義務教育年齢の外国につながる子どもが約20万人おり、日本国籍がなければ親の「就学義務」もないので、義務教育年齢で「就学不明」の子どもが約2万2千人いることも明らかになった。

日本語指導が必要な児童生徒も5万人以上在籍するが、1万人は支援もないまま放置されている（「日本語指導が必要な児童生徒の受け入れ状況等に関する調査」2019年9月文科省調査）。学習言語の習得ができず、授業についていけなければ不登校や高校中退もやむなしということになる。低学歴や無学歴は単純労働以下の低賃金と貧困を約束する。外国人の子どもたちには小学校に入学後、学習の困難が顕在化し、中学高校入学後には学習困難は進学や就職に影響する。さらに母国・日本のどちらを中心にするかという「アイデンティティの壁」と日本社会が持つ偏見や差別、女性の地位の低さなど「日本社会特有の壁」を越えなければならない。学力や認知力の発達など、多面的なアセスメントをしながら、支援ができる学習支援教室の役割

は大きくなっている（南野 2020）。

定時制高校の生徒と学習支援

　2016年の８月に東松山市で高校中退した若者と不登校の中学生たちが起こした殺人事件に衝撃を受けた埼玉県教育委員会は、事件にかかわった若者が全員、定時制の中退者であったことから、①定時制生徒の社会から排除されるリスク因子を早期に発見し、②中退を防止すること、③卒業後には可能な限り就労など安心できる進路を保障する、ことを目標にした、ヒヤリングとサポート事業を立ち上げた。当時、私たちの団体は「サポステ」事業を受託しており、３年間、埼玉県南部の定時制高校を全生徒対象に行われたヒヤリングから彼らの厳しい生活実態が見えてきた[3]。

　生活保護世帯が中心のＡ市の学習支援では例年、中学卒業者の10%程度は定時制高校へ進学している。背景には、全日制高校に進学しても大学進学が経済的な事情でほとんどできないことがある。３年間で約900名の定時制（一部全日制）高校生からヒヤリングしたが、生活困窮の中で生きる子どもたちが社会的に排除されていくプロセスが鮮明になった。多くの生徒に共通するのは親や家族の文化資本の乏しさや家族内のしんどさだった。そのほかに次のような状況が確認された。

　①　小学校や中学校時代での被いじめ体験があること。そこから、クラス内での孤立、人間不信、対人恐怖、とくに大人（親や教師）に対する不信感や自己肯定感を持てないことにつながっていた。

　②　海外から移住して来て、中学校の先生の指導を受けたり、地域の日本語教室に通ったりして会話は何とかなっている生徒もいるが、多くは漢字に苦労をしている。また、学習言語を習得できておらず、結果としていわゆる「学力」を育てることが難しい生徒が多い。

　③　進学・就労という移行期の問題にとどまらず、虐待経験などから精神疾患・障がいが原因で友人がいない、家族の支えがないなど社会資源の弱さを原因とした困難を抱えていた。

④ 「ひとり親」が共通する特徴の1つだった。家庭の崩壊でステップファミリーや祖父母、社会的擁護施設で育てられている生徒もいた。

⑤ 家庭の貧困を理由にアルバイトで家計や学費を稼いでいる生徒が多い。大学進学の希望があっても断念せざるを得ない生徒もいる。

⑥ ゲームなどで生活リズムをつくれず（ゲーム依存、昼夜逆転）、睡眠不足や学業不振に陥る生徒も特に1年生に多い。

2. 学校と学習支援

（1）若者たちのコミュニティが実現

　さいたまユースは2012年からA市、2020年からK市の委託を受けて、生活保護世帯とひとり親世帯（児童扶養手当全額支給世帯）の中学生と高校生（A市では2020年から小学生教室も受託）の学習支援事業を行っている（A市では2019年度は塾産業が受託）。A市では、毎年300人ほどの教室を利用する中高生（K市は150人）に、各教室に専任の教室長を1名、生徒1〜2名につき、1名の大学生か社会人のボランティア（有償）を先生役にして運営している。毎年、約300名の近隣の大学の学生たちがボランティアとして参加している。この10年で2,000人を超える学生がこの活動に参加した。教室は、毎週2回開催されていることで、子どもたちと学生ボランティアはすっかり仲良くなって、ニックネームで呼び合っている教室もある。子どもたちは教室に入ると、仲良くなったボランティアを見つけると、安心した表情で、その日、起きた話を報告している。教室は、週2回、1日2時間の学習時間だが、ブレイクタイムがあり、家族の話、学校の話、進路の話など、それをボランティアたちはしっかり聞いている。そんな時間が年間約100回あり、中学、高校と通った子どもはこの教室で、子ども期のかなりの時間を過ごすことになる。私たちはそんな学習教室を「ロールモデルと出会える場」と位置づけた。

教育の市場化が進行し、学校にも格差が生まれ、勝者のない、社会的弱者が切り捨てられる状況を目の当たりにしながら子どもに社会への信頼や他者への信頼など生まれるはずがない。貧困層の子どもたちは、努力しても報われないとあきらめの中で社会への関心を失っていく。「学習」という行為は、学校の中の全国的に統一された系統的なカリキュラムを組織的に伝達する内容だけではなく、日常生活の中で形成されたすべてのコミュニティを通して獲得する技能や知恵への転換という内容もある。学習支援教室は多くの出会いや体験の中で多様な文化を獲得できる「知の機会」でもある。さらに、階層を隔てた同士、学生たちと困窮の中で生きてきた子どもたちとが築く対等で多様な文化の交流によってつくるコミュニティでもある。自分の周辺にしか興味がない若者たち、「若者たちの身辺化現象」が増えたと言われるが、期待と現実の落差がないところには、欲求も絶望も生まれない。対立を嫌がり、SNS の中に閉じこもる。同質の若者たちの小集団の中に若者たちが閉じこもる。「豊かな人間関係」への期待の喪失は人間関係への不安を抱き続けることにつながる。

　私たちの団体はそんな若者たちの中に横たわる溝を超え、居場所や教室の中で、多くの交流の場をつくってきた。進学に向け、志望校に関する相談や奨学金の借り方や返却の展望を聞く。互いの個性による衝突や言い争いも認めながら、ゆったりとした成長を保障する。互いの存在を認め合うことで成り立つ関係性を育てる。そんなゆったりした実践の可能性をもつ場である。本来的には学校教育と学習支援教室は子どもが学びと居場所を求めることで親和性を持つはずだが、現状は大きな違いがある。「学校」が権力性を背景にした教育機関、タテの存在であり続けるとすれば、「学習支援教室」はフラットな関係性で紡がれたコミュニティであってほしい。

　学校が競争の場であるとすれば、必然的に業績主義的な個人評価（偏差値、数値による順位づけ評価など）となり、結果責任は個人が負うことになる。学習支援教室はそうではなく、溝を超えた若者たちが交流の中で「知」や「技

術」と出会い、獲得する場としたい。その居場所としての評価は、「子どもたちがどれほど参加意欲や教室の仲間、スタッフに対する信頼度を高めたか」「自己肯定感を高めたか（他者に対する信頼を高めるには自己受容が高まらないとできない）」であり、最終目的は社会への参加意欲の形成である。

3. 学習支援の可能性

（1）学習支援のこれからを考える

日本における子どもの貧困問題の現状の課題は、「支援を必要とする子どもを行政や社会が把握していないこと」、「必要な子どもに支援が届かない」ことであって、その要因は、貧困を家族の中に閉じ込めていたこと（自助）にある。

さらに、子どもの貧困問題の課題を、将来の日本社会を支える人材育成に目標を置き、「貧困の連鎖論」が中心で、子どもたちの今、ここにある貧困の解決をめざすものでないとすれば、子どもたちに対して、「貧困から抜け出すために努力しなさい」という自己努力を迫るものになるがそれで良いのか。さらに、貧困を当事者の子どもたちはどのように受け止めているか、逆に子どもたちはどのように何を基準にして満足感や幸福感を得ることができているのか。

橘木らによると、人は所得だけでなく、住宅の質、学校や家族・社会との関係、健康や文化の質が人々の満足度や幸福感に影響があるという（橘木・浦川 2006）。まさしく社会的排除という観点から考えなければならないのである。相対的貧困論は、他の人々との比較で自分はどんな位置にいるか、他者との間で相対的な疎外感をどのような場面で受けているか、例えば、住宅の良し悪しによる満足度、貧しくても、家族や地域であたたかい交流があれば幸福度は高まるのである。

ヤングケアラーへの関心も高まっている。病気や障がいを持った家族へ

の介護や世話を家族内で責任を負わせようとすれば、子どもたちにしわ寄せがいくのは必然である。「祖父母や弟や妹の世話をすることは善行」とされ、今まで問題視されなかっただけだ。私たちの団体が関わってきた中にも、きょうだいの面倒を見ることで不登校化（中には高校中退）した若者がいた。家出して、風俗業界に「逃げ出した」女性もいた。あきらかに、「家族のことは家族で責任を」という、この社会の在り様に問題がある。とりわけ孤立した困窮世帯には地域社会に支え合う関係性がなく、自分は他者とは違うという疎外感を抱きながら暮らす「ヤングケアラー」問題は、これからも若者の社会的排除の一類型として顕れる。

　子どもにとって、貧困であるかないかという問題は、学校でみんなと同じように勉強ができ、行事に参加でき、進路選択もできるか否か。自分以外の子たちと同じように社会参加が可能か否かという問題なのである。

　コロナ禍で収入が減少し、仕事を失った人の多くは低賃金の非正規労働者である[4]。今後も、世界的な規模で続く可能性があるコロナ感染はさらに貧困と格差を拡大していくことになろう。もっとも打撃を受けているのはひとり親世帯をはじめとした困窮層である。学習支援事業もコロナ後も新しい現実と向き合わねばならなくなる。

（2）学習支援と「持続性」「包括性」「地域性（連携）」

　私たちが関わってきたA市の学習支援の現場から次のような子どもたちの状況があった（【図1】）。

・利用した中学生の不登校体験は毎年平均して10％を超えていた（※2020年度の中学生の不登校生徒は全国で約4.1％、約13万2千人、文科省調べ）。

・いじめられ体験から不登校など、早期の学校体験の中断。

・発達・知的障がいの診断を受け、特別支援のニーズがある生徒も。

・登録生徒の8割以上がひとり親世帯

・外国から移住してきた生徒の学習言語の難しさから、授業内容の理解が

【図1】 学習支援に関わる子ども・若者たち

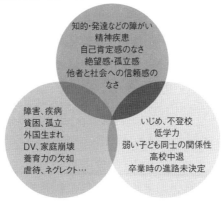

学習支援などで関わる子ども・若者たち

複合的で重層的なリスクを抱える子ども・若者たちが支援の対象

知的・発達などの障がい
精神疾患
自己肯定感のなさ
絶望感・孤立感
他者と社会への信頼感の
なさ

障害、疾病
貧困、孤立
外国生まれ
DV、家庭崩壊
養育力の欠如
虐待、ネグレクト…

いじめ、不登校
低学力
弱い子ども同士の関係性
高校中退
卒業時の進路未決定

出典）さいたまユースのいくつかの活動から筆者作成

難しい。

・家族や周囲に生徒たちの人生の目標となるロールモデルがいない。

・学習支援教室を利用する生徒の多くは学力形成の難しさ。

　生活保護世帯、ひとり親世帯の子どもたちが中心の学習支援教室には、外国人の子どもたちや定時制高校生徒たちと共通の社会参加を阻害するリスク要因を抱えている。在籍する学校や私たち一支援機関だけで対応できる状況は超えており、「寄り添い」という持続的な支援や「包括支援」という「地域の多機関の連携」を必要とする仕組み、支援の手法としてのアウトリーチなどが登場したのである。

　生活困窮者自立支援法における「学習支援事業」は、子どもたちへの日常的な学習と生活のサポート、同世代・異世代の仲間と出会い、文化交流や社会性を獲得する活動ができる居場所やコミュニティづくり、進学に関する相談や支援、高校進学者の中退防止など子どもへの支援にとどまらず、

保護者の就労の支援など、家庭への支援にも広がらざるを得なくなっている。学校との連携は当然だが、さらに地域の機関との連携や地域の持続的な活動が可能になる地域づくりも必要となる。

　このような生活困窮世帯の子どもの現実を踏まえ、全国で、生活困窮者自立支援法による学習支援活動は「フレーム法」という法の特性を生かし、地域の特徴を生かし、学力補充、進路実現にとどまらない多様な活動も行われている。

　2019年4月には「改正」生活困窮者自立支援法が施行された。子どもの学習支援事業は、「学習支援のみならず、生活習慣・育成環境の改善に関する助言等も追加し、子どもの学習・生活支援事業として強化」された。改正法の「生活支援」は、①生活困窮世帯における子ども等の生活習慣・育成環境の改善に関する助言、②生活困窮世帯における子ども等の教育及び就労（進路選択等）に関する相談に対する情報提供、助言、関係機関との連絡調整が新たに加わった。学習支援の対象生徒や家庭の現実は支援方法の拡充を要求してきた。中学にとって、不登校の生徒の現状がわかるのが、学習支援教室の室長との連絡が唯一ということもあった。

（3）これからの学習支援活動

　私たちの社会は構造的に貧困層の子どもたちを生み続けている。コロナ禍はそれに追い打ちをかけた。当然のことだが、一事業者が1、2年の委託契約でできる事業ではない。地域に子どもを守るプラットフォームができなければ持続的・包括的な支援活動にはならない。

　子どもの貧困の背景には、多くの先行研究が指摘しているように、DVや親の長期の失業を背景に家族の崩壊から虐待など家庭の日常生活の不安定さ、ひとり親とりわけ母子世帯の貧困へ。子ども自体の課題から見ると、不登校、いじめ、学力の低さ、高校中退など学校生活の不安定さや将来の生活への不安、発達障がい、学習障がい、知的障がいなど現在の日常の不

安との複合的な課題がある。したがって、貧困の中で暮らす子どもや若者たちへの支援としての「学習支援事業」が、まず、学校生活の安定さを求めるための学力補充や学びなおしを行ったとしても、そこに限定されるものではない。

　私たちの団体は長年、生活保護世帯やひとり親世帯の中学・高校生の学習支援に携わってきたが、「教える、学ぶことの難しさ」を毎年のように感じてきた。その背景には、子どもたちを幾重にも取り巻く複合的な困難があった。子どもの貧困対策が「学習支援と子ども食堂」とされることに違和感を持つ識者も少なくない。「子ども自身」「家庭環境」「学校生活」において、多くの複合的な困難を抱えている子どもへの貧困対策としての学習支援はどのような内容がふさわしいのか。社会や行政には、貧困層の子どもに「学びなおしの教育機会を与えれば貧困から抜け出せる」と安易に考えている様子が見える。もちろん、それだけではこの活動は成り立つはずがない。この子たちに必要な「学習」とはなにか、そのような状況の中で生きる生徒たちにどのような学びの場を用意すればいいのか。

　私たちは、毎年、同時期に、学習支援事業の実施状況調査と効果測定を実施してきた。私たちの学習支援は、学力の向上（学習成績のアップ）から、自己肯定感、友人間の関係性、家族間の関係性、社会に対する信頼感情から安心して学校生活を送ることができる状況をつくることなど子どもの自己肯定感のアップにも効果があることが明らかになっている。

　このように学習支援は学校生活や家族間の関係性も改善し、レジリエンスともなる多面的な活動である。私たちが2017年に実施した調査（さいたまユースサポートネット2017）で明らかになったことがいくつかある。生活困窮世帯の子どもが「学校生活」で不利を抱えるだけでなく「精神的健康」「自尊感情」についても不利な状況に置かれていることも明らかになった。

　近年、学習能力を中心とする理解、判断、認識、論理などの知的活動を意味する「認知能力」以外に、「非認知能力」の重要性が学習支援事業で

も大きな課題になっている。具体的には、自らの行動や発言に対する責任感があり、自制心があって我慢強く、社会への関心が強く、知的好奇心につながり、他にも、他者（社会）との協調性や調和性があること、行動や意思決定の際に必要な情緒的な安定性などをさす。学習能力や学習習慣などの認知能力を育成するには、まず、基盤としての非認知能力の育成が課題とされているのである。

（4）「学習支援」や「たまりば」は学校教育のオルタナティブか

　近代の学校制度は、国民国家の形成とともに社会の統合や文化の継承を目指してつくられたが、その後、教育を子どもにとって最重要な人権としてとらえることで、子ども一人ひとりの発達と社会的な自立を担うという目的をももつようになった。

　後期中等教育（高校教育）は、学校から仕事へという移行期を保障する機能を持つ。前記の事件に関与した少年たちのように困窮層の家族の中で生まれた若者たちは、教育から仕事への移行には大きな壁が立ちふさがっている。その理由は、貧困による親の経済資本、社会関係資本、文化資本の不足という「社会的格差」によるものである。

　高額な費用が必要な日本の教育では、経済資本と社会関係資本の乏しい世帯の若者が社会とスムーズにつながらないのである。しかも、家庭に居場所としての機能がない子どもたちは同時に学校の中にも居場所が見つけられない傾向がある。学校と家庭に居場所としての役割がなければ孤立が進み、構造的に子どもたちの中に絶望感や無力感をもつくり続けることになる。

　学校は本来、①世代間の文化継承＆社会統合（階層間の移動）、②　社会参加をめざし、人格的な成長（学校から仕事への移行）という使命を持つ機関だったはずだが、市場原理を背景に競争的な価値観に支配された学校は官僚組織の1つでもあって、教師がその役割を担っていたとしたら、教師

からの監視や抑圧的なまなざしから子どもは自由にはなれない。「制度化された『権威』が教え手である教師に委任」（ブルデュー＆パスロン1991）しているということになる。とりわけ学校文化と親和性を持たない家族のもとで育った子どもたちは、そんな息苦しい空気の中で毎日、長い時間を過ごすことができるはずがない。しかも、日本の多くの学校で行われている他者との終わりなき競争は、子どもたちの中からも排除される子どもたちを生み、子ども同士の対立によって混乱すら生まれる中で、逆に教室の秩序を維持するために、教師と子どもの間、子ども同士に、（教える⇒学ぶ）（評価する⇒評価される）という日常の中で支配・被支配という関係性がつくられ続けるのである。

　そんな関係性が支配する学校では教師だけではなく、子どもも疲弊し、不登校の子どもや生徒も増え続け、実際はどうあれ、「オルタナティブとしての通信制高校、フリースクール」に生徒が集中する現象も生まれているのである。

（5）公助が共助を支える地域の社会資源の形成を

　学習支援活動が困窮層の子どもや家族、地域に役立つためには以下の改善が必要である。
① 　学習支援など子どもの貧困対策の再定義が必要である。
　子どもの貧困対策は国家と社会の責任である。子どもや親の責任にしてはならない。ポストコロナでは、貧困と格差の拡大はさらに深刻なものとなった。さらに、学習支援事業を学力支援だけで止めるのではなく、子どもや保護者の多様なニーズへの対応が可能な地域での包括的な支援ネットワークの形成と伴う地域づくりが事業の目的にならなければならない。
② 　国の予算の拡充が必要である。
　「全国子どもの貧困・教育支援団体協議会」でも政府へ要請書[5]を提出している。背景には、地域（自治体）によって、学習支援事業の精粗が大

きすぎることがあった。人口（予算規模）の少ない地方では実施されていないこと、学習支援に従事するスタッフの待遇が悪く、持続可能な事業になっていない。

③　支援内容のさらに包括的な子ども支援への転換が必要である。

　現状の子どもの貧困率では、その対象者は18歳未満で約300万人となる。しかし、学習支援に参加している子どもの数は約3万人である。必要な子どもたちが参加できるように、学習・生活支援教室自体の拡大、保護者との進路相談など、様々な相談支援などスキームアップが必要である。

④　支援が届かない家庭にはアウトリーチが必要である。

　学習支援の場とアウトリーチのいずれかで困難を抱えた子どもたちに支援が届くようにすべきである。

⑤　外国ルーツの子どもたちに学びの機会を

　就学の機会を持てないまま暮らしている外国人の子どもたちがいる。学校での学習や学習支援教室で学ぶ機会や場で、母語や日本語による学びを保証したい。

⑥　子どもたちの課題を共有しながら、小学生教室から中学生教室へ、さらに高校生教室へとつなぐ。高校生教室の役割は中退防止と高校卒業後の進路の実現だが、貧困からの脱却という目標からは必要となる。

（6）地域の協働と貧困対策

　貧困と格差の拡大が鮮明になったコロナ後の対策は、縦割りの制度を超え、個人に委ねられた貧困対策から、地域の連携、ネットワーク形成、地域における子ども支援の担い手の育成を視野に入れた面的・持続的な活動が必要になった。子どもにとって最大の社会資源は学校だがさらに「福祉と教育をつなぐ制度」が必要である。学校と地域の連携が失われて長い時間がたった。子どもの貧困対策「大綱」には学校のプラットフォーム化が描かれているが、学校と地域の連携がないままではその実現は難しい。

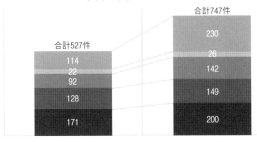

【図2】 学習支援の委託先

学習支援の委託先 拡大する市場化

学習支援事業委託件数比較
■NPO ■社団 ■社福 ■ワーカーズ ■民間企業

合計527件
114
22
92
128
171
2017年

合計747件
230
26
142
149
200
2020年

出典）2020年度厚生労働省資料から筆者作成

【図3】 子ども・若者支援における公益

子ども・若者支援における公益性とは

子ども・若者支援事業において、重視されるべき価値は効率性ではなく、公益性である

公益性
利用者、地域の住民、支援者養成、地域づくり、持続性、公共性、社会保障（事業の本質）

＞

効率性
費用（投資）対効果（公平性）、東京一極集中

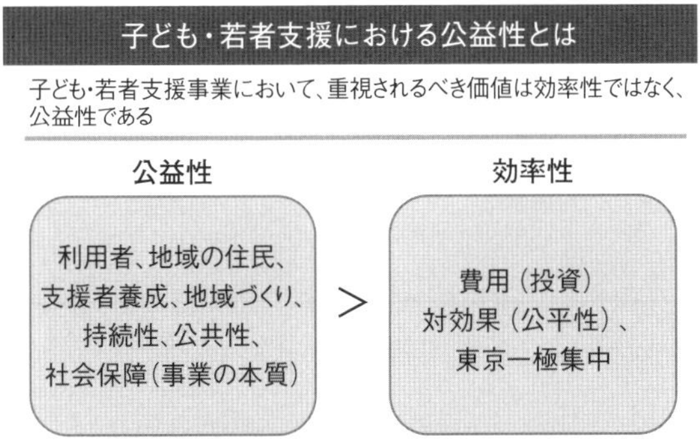

出典）厚生労働省生活困窮者自立支援室資料から筆者作成

さらに、貧困対策事業の市場化も進んでいる。学習支援、就労支援にとどまらず、子ども食堂さえも営利企業が担っている地域もある。生困法の学習支援も全国で、553団体が747事業を担い、ほとんどが1団体1か所の運営だが、ある企業は80か所の学習支援事業を受託し、さらに増え続けている（【図2】）。

新自由主義的な市場主義が続けば、さらに自助努力、家族が担い手にならざるを得ない状況が続くであろう。

持続的な事業づくりのためには、支援事業をコミュニティの共有財（ローカル・コモンズ）にしなければならないのであって、市場化（安易な価格引き下げ競争）はそのような地域社会の共有財を毀損することになる。重要なのは、プロセスを通じて、ソーシャルキャピタルが協働で創設され、管理する事業をめざすことである。貧困対策のような公益性の大きな社会活動（【図3】）さえも市場原理の中に投げ込むのか、それとも国と社会、市民の協働による共生社会を目指すのか、日本社会は今、岐路に立っている（青砥2021）。

【注】
(1) 相対的貧困率とは、一定基準（貧困線）を下回る等価可処分所得しか得ていない者の割合をいう。なお、貧困線とは、等価可処分所得の中央値の半分の額をいう。
(2) 就学援助は自治体によって支援額が異なるが、およそ生活保護基準の1.1倍とか1.3倍に設定されているところが多い。
(3) 2020年春、埼玉労働局が所管する「地域若者サポートステーションさいたま」事業を主として価格による競争で失った（青砥 2021）。
(4) ①新型コロナ感染拡大に関連する解雇や雇い止めが、2021年4月時点で見込みを含めて10万人を超えると厚労省が発表（朝日新聞オンライン）、②シフト制の勤務時間が半分以下になったのに休業手当を受け取っていない「実質的失業者」は女性103万人、男性43万人に上る（野村総合研究所HP）、③非正規雇用者の人数は、2020年3月から11月まで連続して前年比マイナスを記録（ロイターHP）。
(5) 学習・生活支援事業の国負担分を現在の2分の1から3分の2へ増額を求めるなど。

【参考文献等】
・青砥恭『ドキュメント高校中退』筑摩書房（ちくま新書）、2009年。
・青砥恭「就学援助から見た子どもの貧困と地域格差」『Wedge ONLINE』2012年12月3日（https://wedge.ismedia.jp/articles/-/2400）。
・青砥恭「定時制高校の実情と市場原理に晒される支援事業」『Journalism』No.379、朝日新聞社、2021年、34〜39ページ。
・稲葉剛「あらゆる分断を越えて、誰も路頭に迷わせない東京をつくる！（インタビュー）」『シノドス』2019年4月15日（https://synodos.jp/opinion/society/22605/）。
・岩田正美『貧困の戦後史』筑摩書房、2017年。
・さいたまユースサポートネット「子どもの学習支援事業の効果的な異分野連携と事業の効果検証に関する調査研究事業報告書」『厚生労働省 平成28年度生活困窮者就労準備支援事業費等補助金社会福祉推進事業』2017年。
・桜井啓太「2018年度からの生活保護基準見直し―子どものいる世帯への影響を中心に」『賃金と社会保障』No. 1700、2018年、26〜36ページ。
・橘木俊詔・浦川邦夫『日本の貧困研究』東京大学出版会、2006年。
・広井多鶴子「貧困『再発見』から15年…子どもの貧困対策が『現金給付』に消極的である理由」『現代ビジネスweb』2021年9月28日（https://gendai.media/articles/-/87208）。
・中嶋哲彦「子どもの貧困対策推進法の意義と問題点」『日本教育法学会年報』第49号、2020年、114〜123ページ。
・ブルデュー, P. ＆パスロン, J. C.『再生産―教育・社会・文化』藤原書店、1991年（原著Pierre BOURDIEU & Jean Claude PASSERON, *La reproduction, elements pour une theorie du systeme d'enseignement,* Editions de Minuit, 1970.）。
・南野奈津子「外国にルーツをもつ子どもたちが直面する課題とは―問題の背景と幼児期・児童期の支援」『子育て支援と心理臨床』vol. 19. 福村出版、2020年、42〜48ページ。

第5章　コロナ禍における学習支援事業の意義とリスクマネジメントに向けた課題

柏木　智子

　本章では、新型コロナウイルス感染症（以下、COVID-19）の影響下において、学習支援事業者がどのような活動を行っているのかを調査し、困難を抱える子どもにとっての事業の意義を明らかにすることを目的とする。結論を先取りすると、学校が一斉休校となり、困難を抱える子どものリスクの高まりが指摘される中で、事業者の活動はそのリスクの軽減を図るものであり、なおかつ日頃からの事業者と学校との連携を中心とする子ども支援のためのソーシャルキャピタルの醸成がリスクマネジメントとして重要であることが指摘される。つまり、子どもの生と学びを保障する日常からの学習支援事業の活動が、緊急時の子どものそれらの保障を左右するものとなるがゆえに、そのための基盤形成をあらかじめ行う必要がある点が示唆される。

　上記課題を論じるために、まず、緊急時の子どもの状態として、COVID-19下における子どもの実態を明らかにする。次に、一斉休校中の学校と教育行政の対応について述べる。続いて、学習支援事業者の活動内容とその意義を明らかにする。その上で、リスクマネジメントのための日常からの事業者と学校との連携の必要性とその課題について検討する。

1. COVID-19下における子どもの実態

　COVID-19の広がりによるリスクに関する世界的な調査では、世界の最も貧しい人々と最も脆弱な立場に置かれた人々の増加とかれらへの深刻な影響が示されている（UN 2020：OECD 2020など）。例えば、1998年以来初め

て貧困層が増加し、2020年には新たに約7,000万人が極度の貧困に陥るとされている。特に、すでに脆弱な立場にある労働者16億人（全世界の労働人口の半数）の所得は、それまでの60％に落ち込み、深刻な影響を受けているという。加えて、これまで安定した生活を営んでいた人々さえも、所得の喪失や限られた社会的保護、物価の高騰があいまって、貧困や飢餓に陥るおそれがあると述べられている。

その中で、学校閉鎖や学校外支援団体による支援の停滞により、貧困家庭や脆弱な家庭の子どもの学びへのアクセスが保障されなくなっただけではなく、食事や栄養サービス、医療へのアクセスも限られるようになった。そのため、学習機会の逸失に加え、栄養失調や病気の悪化が懸念されている。また、暴力や虐待を目にしたり、それらに苦しんだりする子どもの増加が指摘されている。さらに、児童労働や児童婚、人身取引のリスクも大幅に高まっているという。これらから、困難を抱える子どもの心身の健康と生存そのものが脅かされる状況にある。したがって、COVID-19による社会全体の経済低迷やリスクは、子どもの貧困リスクを高め、子どもの福祉や成長、および将来の教育達成や雇用に負の影響をもたらすものとなっている。

こうした状況は日本でも示されている。たとえば、COVID-19下における子どもの生活実態アンケート（彩の国子ども・若者支援ネットワーク2020）によると、一斉休校によって学校給食がなくなり、その上、保護者の状況が不安定であった子どもたちの中には、1日1食も満足に食べていない子どもがいたことが明らかにされている。また、1日3食を食べていない子どもは約3割であった。さらに、昼夜逆転の生活をしていたり、約5割の子どもが日中に子どもだけで過ごしたりする状況にあった。

筆者が2020年10月に行った教師を対象とする聞き取り調査では、家事や育児などの家族の世話をこれまで担っていた子どもたちが、外出機会の減少により、さらなる世話役割を求められ、1日のほとんどの時間をそれに

あてていたことが述べられた。これは、ヤングケアラーの問題として昨今
注目を浴びているものである。また、家族との生活に緊張を強いられる子
どもは、外出自粛要請によって自宅待機せざるを得ず、連日の緊張からの
ストレスに苛まれていたことが語られた。そうした子どもは、これまでは
朝から登校し、アルバイトをして夜遅くに帰宅することで家族との接触を
回避できていたが、学校とアルバイトがなくなり、外出することもままな
らない中で耐えるしかなかったという。

　一方で、困難を抱える子どもでなくとも、子ども全体に対するCOVID-
19の影響は大きく、かれらが将来にわたり不利な状況に置かれることが示
唆されている。たとえば、学校閉鎖は、すべての子どもの認知・非認知ス
キルの双方の発達を中断させ、子どものウェルビーイングにもマイナスの
影響を与えるものとされる（Economic Policy Institute 2020：OECD 2020）。加
えて、三菱UFJリサーチ＆コンサルティング（2020）によると、COVID-19
の拡大は、雇用の縮小や所得の低下をもたらすとともに、休校による学校
閉鎖によって子どもたち全体の教育機会を減少させ、かれら全体の生涯所
得を逸失させるという。一方、国立生育医療研究センター（2020）では、
子どもの72%に何らかのストレス反応・症状が見られるとされ、「すぐ熱
がでる」「最近寝れない」「死にたくなる」といった心身の健康の低下を表
す自由記述が示されている。

　ただし、これらの影響の程度は、子どもの社会経済的背景によって異な
り、格差拡大の懸念が示されている。実際に、COVID-19下において、も
ともと高学力の子どもの勉強時間の低下は限定的であり、低学力の子ども
の勉強時間は顕著に減少しているとされている（三菱UFJリサーチ＆コンサル
ティング 2020）。また、COVID-19の広がりは、子どもの中でも恵まれない
一部の子どものすでに抱えているリスクを高め、回復を困難にさせると報
告されている（OECD 2020）。したがって、認知・非認知能力、および心身
の健康や幸福度の格差が将来にわたって広がるおそれがあるといえる。

これらから浮かび上がってくることは、子どもの心身の健康につながる生を保障し、子どもの将来のためにも、学びの保障を行う必要性である。特に、困難を抱える子どもの現在のリスクの高まりと将来に及ぶ不利を縮減するためには、そうした子どもへの集中的な支援と長期的なかかわりが重要となる。そのためには、生と学びの保障における学校内外の諸組織のそれぞれにおける機能の充実と連携による包括的支援が求められる。

2. 一斉休校中の学校と教育行政の対応

　学校は多くの子どもにとって日常の主要な生活の場であり、かれらの生と学びの保障を担う最も重要かつ責任を有する組織である。ただし、学校は困難を抱える子どもを排除する文化を有しているとされ、それゆえに学習支援事業の意義として、学校で疎外的な経験を強いられた子どもの自己肯定感や意欲を回復させる点が指摘されている（松村2020）。しかしながら、それでも一方で、学校は困難を抱える子どもを包摂し、社会で生きていくための学習保障やケアを担ってきたところでもある（柏木2020：柏木・武井2020）。COVID-19による一斉休校は、日本の学校が担ってきたそうした役割を改めて認識する契機となった。そのため、2021年1月に出された中央教育審議会答申では、「日本の学校教育はこれまで、学習機会と学力を保障するという役割のみならず、全人的な発達・成長を保障する役割や、人と安全・安心につながることができる居場所としての福祉的な役割も担ってきた」とされ、学校の再評価とともに福祉的機能の強化が記されることとなった。このように、学校に対して、子どもの福祉と成長のために福祉的機能と教育的機能の強化が求められているが、学校がすべての役割を担うことができないのも事実である。緊急時における学習支援事業の意義を浮き彫りにするためにも、まずは一斉休校中の学校と教育行政の動向について述べる。

　一斉休校中における困難を抱える子どもへの対応は、いずれの自治体・

学校においても重要課題として掲げられ、生と学びの保障に向けた積極的な対応がなされつつあった。以下は、教育長4名、校長2名を対象として、2020年12月・2021年7月に実施した筆者の聞き取り調査によって得られた結果から述べる。具体的には、困難を抱える子どもの生を保障するために、教育長らは次の2つの方法をとっていた。1つは、学童や放課後クラブ[1]の機能を拡張させ、朝から夕方にかけて子どもの預かりを可能にするとともに、対象となる子どもの基準を変更し、困難を抱える子どもも預かることができるようにするものであった。もう1つは、従来からの組織とは別に、学校自体が預かり機能を有するようにするものであった。その場合、留守家庭児童や困難を抱える子どもを主な対象としつつも、基準を設けずに、保護者からの依頼があったり、教師が気になったりする子どもを預かることができるようにしていた。なお、前者の場合も、人手不足等の理由から、教職員も預かり保育を担っていた。

　ただし、いずれの預かり活動においても、困難を抱える子どもに対する教職員による学習支援はさほど行われなかったようである。学校での預かりの中で子どもが課題をこなす際に、学校によってはせっかくの時間を活かして補習を行う場合もあったが、基本的には教職員は見守りに徹し、特性のある子どもにのみ「こっそりと」教えるにとどめていたようであった。

　また、教育長らは、教職員が子どもや保護者と定期的に連絡を取り、すべての子どもの様子の把握に努めるように指示していた。その際には、上記の預かり保育に参加せず、外出を自粛したままの困難を抱える子どもを支援につなげるために、積極的な家庭訪問を指示する場合もあった（柏木2021）。しかしながら、教職員の家庭訪問に対しては賛否両論があり、「よくやってくれますね」という反応がある一方で、「大人が家の近所をうろうろするのをやめてほしい」という保護者や「みんな外出を自粛している中でうろうろしないでほしい」という地域住民の声もあったとされる。「もう来ないでほしい」と話す保護者の理由が、感染防止なのか、ネグレクト

や虐待の隠蔽のためなのかはわからなかったが、教職員は家庭訪問を中止せざるを得なかったという。

　そうした理由があり、ある自治体では、一斉休校中の虐待通告件数は激減し、一時はほぼ皆無に近いような状況になったという（柏木 2021）。この状況は、教育長から学校長宛に、児童生徒虐待の疑いをもった場合は速やかに関係機関へ通告・相談するよう二度の通知を出していても引き起こされた。そのため、「不自然です」と教育長は語っていた。というのも、本自治体では、児童虐待等早期発見のためのチェックリストを各学校に配布し、チェックが入った子どもについては自動的に児童相談所や教育委員会に通告があるシステムをつくっており、それまでは一定の通告件数があったためである。それを裏付けるように、一斉休校が終わり、夏休みが明けて秋頃になると、当該自治体の児童相談所は満員になり、県内の別地域の児童相談所に預けなくてはいけない事態になった、これを受け、「うちの学校の先生方がよく見てくれていたというのはあります」と教育長は語り、虐待事案の発見に関する教職員の役割の重要性とそうした役割をこれまでも果たしてくれていた教職員に対する敬意を述べていた。

　これらからは、一斉休校中にも、教育行政や学校は子どもの生を保障するための仕組みを整え、教職員等は子どもをケアする活動を担っていたことがわかる。その中で、教職員がアウトリーチを試みるなど、困難を抱える子どもの様子をできる限り把握しようと努めていた点が示されている。実際に、それによって支援につながり、ケアされた子どもがいる。しかしながら、COVID-19の感染拡大を回避するための国家的要請が、保護者や地域住民からの教職員への外出自粛の要望へとつながり、教職員と子どもの接触をも阻む方向へと作用した実態が明らかとなった。その結果、虐待通告件数の激減に示されるように、教職員は子どもや保護者に接することが叶わず、子どもの困難を把握することができない状況に追い込まれたと考えられる。秋以降の通告の増加は、そうした状況の中で、困難を抱える

子どもが過酷な生活をせざるを得なかった事実を物語っていると思われる。

　これらから、困難を抱える子どもにとっての学校や教職員の役割の重要性が改めて示されたと同時に、緊急時における限界性も浮き彫りになったと考えられる。それは、公的機関やその職員が、緊急時においても自身の公的役割に拘束されるために柔軟に対応することが難しく、市民の要望に応える形での対応を求められるところにあるといえる。

3. COVID-19下における学習支援事業者の活動

（1）調査の概要

　本節では、一斉休校中に教育行政や学校が困難を抱える子どもに十分なアプローチをすることができない中で、また学校再開後に、学習支援事業者がどのような活動を行っていたのかについて述べる。その上で、事業の意義について示す。用いるデータは、2021年4月〜8月に実施した4事業者への聞き取りと一事業者の公開学習会での報告やメールでのやりとりから得られた記録である。ただし、事業者の特定を避けるため、意味が変わらない程度に、記録の変更を行っている箇所がある。

　調査対象事業者の概要を述べる（【表1】）。A・Bは、中高生を主な対象として学習支援を中心とした活動を行い、体験活動を提供したり、長期休業中にはレクリエーションを含めた合宿を実施したりする。C・Dは、小学生を主な対象として生活支援を中心に学習支援を含む形で活動を行っている。具体的には、食事・遊びの提供、シャワーを浴びたり歯磨きをしたりといった基本的な生活スキルの習得支援を担っている。Eは、小学生対象の事業と中高生対象の事業を別運営しており、対象者にとって内容は異なるものの、学習支援、食事や体験活動の提供を行っている。なお、いずれの事業者も生活保護世帯やひとり親家庭の中でも困窮世帯の子どもを支

援対象とし、特にC・Dは養育困難な家庭への支援に注力している。

【表1】調査対象事業者の概要

	事業形態	活動内容	主な対象者	活動頻度
A	NPO法人	学習支援、体験活動	中高生	週5（平日）
B	NPO法人	学習支援、体験活動、合宿	中高生	週5（平日）
C	NPO法人	食事・遊びの提供、学習・生活習慣支援	小学生	週5（平日）
D	NPO法人	食事・遊びの提供、学習・生活習慣支援	小学生	週5（平日）
E	一般社団法人	学習支援、食事・体験	小中高生	週5（平日）

（2）一斉休校中の活動

　一斉休校中、事業者A・Eは3〜5月下旬まで、Bは緊急事態宣言後の4〜5月下旬まで対面での学習支援は実施できなかったという。それは、A事業者が「行政からの受託事業なので対面はやらなくなった」と語るように、行政や教育委員会からの中止要請があったためという理由が大きなものであった。

　一方で、事業者C・Dは、一斉休校中も事業を継続していたという。なおかつ、学校が休校となったために、放課後の時間帯ではなく、9：00〜17：00や13：00〜21：00といったように時間延長をして活動を実施していた。D事業者は「子どもたちが家にずっといるという状態になってしまいますので、朝の9時からと夕方の5時まで長期休み期間中と同じような形で行っていました」と語る。行政からの活動への中止要請がなかった理由として、事業者C・Dの財源が民間団体からの助成金や寄付であったためというだけではなく、以下のものもあったと考えられる。それは、C・Dの位置する市長や教育長がそれらに通う子どもの状況を把握した上で、そうした活動の重要性を認識しており、COVID-19下においても対面での支援を中止する判断をとらなかったためというものである。C・Dの位置する教育長らは、学校が動けない中で、教育委員会が方針を出さなくてもC・Dが主体的に動いてくれることについて賛同する旨の発言をしていた。し

たがって、困難を抱える子どもの実態に対する日頃からの首長部局や行政の理解や支援が緊急時の対応を左右するとも考えられる。

　一斉休校中のC・Dの具体的な活動内容は、検温等の健康管理と感染防止対策をした上で、日常のものと変わらなかったということであった。C事業者は「衝立とかして、感染防止はしましたけど、ご飯も食べて、学校の宿題（課題）を一緒にして遊んでと、いつもと変わらない活動でしたよ」と述べる。加えて、Dでは民間団体との連携の中で資源を得て、子どもの昼食・夕食だけではなく、保護者の夕食の配布も実施していたという。また、学習支援に関しては以下のような活動を行っていた。

　D事業者：本人ないし保護者さんと相談をさせていただいて、学習する
　　内容をこちらで決めさせてもらったりもしてたんです。学校がない期
　　間だったとしても、これから3年生になるからかけ算というものを新
　　しくやらなければいけなくなるんですよ、みたいな。だから、かけ算
　　を習ってないから、難しいのは嫌かなと思うんだけど、学校が休みの
　　間に、かけ算できるようにがんばろうかとかいうのを、それぞれ子ど
　　もたちの目標みたいなのを定めて、それを実施していくという形の時
　　間を取ったり。

　ここからは、COVID-19下での学習支援活動が、困難を抱える子どもに対する予習機能を有していた点を読み取れる。したがって、一部の学習支援活動は一斉休校中の格差拡大を是正するための重要な役割を担っていたといえる。

　こうした役割を担っていたのは対面での活動を継続していた事業者だけではない。A・B・Eにおいても、オンライン等で学習支援の継続を試みていた。しかしながら、自宅でのオンライン学習というのは困難を抱える子どもにとって、以下の理由で難しかったという。なぜなら、自宅でのオ

ンライン学習には、学習のスペース（部屋）、子ども自身の学習用タブレット、ネット環境の3点が揃う必要があったためである⁽²⁾。これらが揃う子どもはオンライン学習を行ったが、学習支援の対象者の中にはそうした環境を整えられる子どもは少ない。そのため、以下のような対応をしていたという。

A事業者：（オンラインが）つながらない子は電話相談、通信添削のような形。保護者と電話しながら教材がほしい家庭には送ったり、毎日電話連絡をしていた。

B事業者：うちの事務所に来てもらって、そこでオンライン環境を用意するという形で、自宅にいる大学生とここに来ている子どもとでオンラインをつないで授業をする。…略…授業の内容は基本的にもともとやっていた授業の続きというか、子どもによっては学校の勉強内容の予習だったり、前学年の積み残している範囲の復習だったりという感じです。

E事業者：ラインを使いながら子どもや親の相談に乗ったり、感染症の予防対策をして家庭訪問をできるだけやっていった。了解を得た上で訪問して、玄関先で10分ほど話したり、勉強を教えたりもした。ドアノブに教材をひっかけたり、その日の食べ物、食材をかけて帰って。

このように、各事業者は保護者や子どもと電話やラインでやりとりをしつつ、事務所に来てもらってのオンライン学習、通信添削、家庭訪問での玄関先等で予習や復習を含めて学習支援を行っていた。これらから、各事業者が休校中の格差是正に向けて子どもの学びを少しでも保障しようとしていたことがわかる。

また、Eは家庭訪問を通じて食材配布を行っていた。Bも、3月は自治体内の飲食店と連携し、希望者には低価格でお弁当を配布していた。先述

のC・Dも同様に、食事の支援を行っており、一斉休校中の子どもと保護者の生を保障する役割を担っていたといえる。こうした食事配布は、子どもと保護者の健康の維持だけではなく、不安定雇用の中で食費がかさんだり、そもそも子どもが常に自宅にいる中で食事づくりに追われる保護者のストレス軽減を図り、それを通じて子どもの安全や安心を守るためにもなされていることであった。

　また、いずれの事業者もそれまでと同様に、学習支援活動自体が子どもにとって信頼できる他者とのあたたかなつながりの場やありのままでいられる安心できる居場所となるよう心を砕いていた。対面での支援のみならず、先の電話やラインでの相談や家庭訪問もその一端であり、E事業者は「どんな様子か、他愛もないコミュニケーション、親の話を聞くことを大切にしていて、こまめに連絡をとることがその後の支援の関係を築くためには必要」と話していた。もちろん、そうしたやりとりがうまくいかない場合もあったり、子どもの家族が感染したことで子ども自身が自宅待機となり、オンラインを通じてしかやりとりできない状況も発生したという。その中で、「顔を見て手を振ったり」といった他愛もないやりとりをしたものの、「画面越しに家の中がかなり散らかっており、見ることしかできないというもやもやもありました」というように、直接的な支援ができない状況に忸怩たる思いをしていたのも事実である。

（3）学校再開後の活動と学習支援の意義

　学校再開後は、すべての調査対象事業者が対面の学習支援を再開・実施したという。ただし、A・B・Eはオンラインでの学習支援も引き続き行い、ハイブリッド型にしたという。その中で、対面では教室に通えない子どもとオンラインでつながることができるなどのメリットが見られたものの、多くの子どもは対面を望んだという。その理由として、B事業者は、学習だけではなく、「居場所感というか、第2の家みたいな場所…略…そうい

う環境だからがんばろうと思えていたところだったので」と話していた。そのため、感染防止対策上、密にならないように1回ごとの受け入れ人数を減らさざるを得なかったという。たとえば、通常であれば子ども1人につき週に2回の支援をできたところが、週に1回しかできなくなったとされる。したがって、支援が可能になった中でも、子どもへの負の影響は引き続いていたと考えられる。

　このように、いずれの事業者も、さまざまな工夫をしながら一斉休校中の子どもと保護者の生活や学習の支援を行っていた。その中では、学校と同様に対面での支援が不可能な場合もあったが、それでも事業者のメリットを活かし、従来通りの対面型支援やアウトリーチを試みながら、食事や遊びといった子どもの心身の健康と予習復習を含めた学習への支援を継続していたことが読み取れる。事業者が実施していた支援内容や学校再開後の学習支援で子どもが対面を望んだ理由からは、松村（2020）が指摘していたように、学習支援事業が狭い意味での学力向上だけでなく、誰かに気にかけてもらえたり、頼れる大人に出会えたり、ありのままを承認されたりする、安心できてあたたかな他者とのつながりのある居場所としてケアする機能を有していたことがわかる。

　その機能の中には、配慮や気遣いに加えて、実際に困りごとに応答する生活支援も含まれていた。それは、事業者が困難を抱える子どもとかれらへの支援に関して以下の点を認識していたからできたことであろう。すなわち、基本的な生活環境・習慣の水準が低く、親からのケアが少なく、親以外の多様な人々との関わりも得られにくく、そうした要因から、自信や意欲が低く、将来に希望を持ちにくく、生きることが辛くなっている子どもの現状がある点である。そして、それに対応するためには、子どもが他者とのあたたかなつながりを感じられる関係的な支援に加え、子どもの生活を支える経済的・物質的な支援や基本的生活習慣を身につけられる文化的支援を行うことが必要であるというものである。こうした認識のもと、

学校がアウトリーチや学習指導を思うように行えない中で、自らも一定の制約を受けながらも、その柔軟な特質を活かしながらきめ細やかな対応とケアを行い、子どもの生と学びを保障してきたところに学習支援事業の意義が見出される。

4. リスクマネジメントに向けた課題

　事業者がCOVID-19下において上記活動を実施することができたのは、これまでにケアを基盤とする学習・生活支援活動を創りあげ、実施してきた土壌があったからである。筆者らは、その促進要因の1つとして学校との連携に着目し、研究を進めてきた（仲田・大林・柏木 2021；大林・仲田・柏木 2022）。これらの調査研究によると、事業者の9割以上が学校との連携を必要であると回答している。その理由として、「気になる子どもの学校での様子を知るため」や「気になる子どもの支援の方向性について学校と相談するため」が上位にあがっており、「気になる子ども」の様子を学校と共有し、支援の方法を模索しようとする姿勢がうかがえる結果となった。特に、生活支援を重視する事業者ほど「気になる子ども」に関する情報共有の必要性を高く認識しており、その理由として保護者への支援を含めた家庭支援を担おうとしている点が示唆された。

　実際に、上記事業者のC・Dは学校と連携して子どもを募集したり、子どもの情報交換を行ったりしていた。また、A・Eは、そのために学校に自ら連絡して訪問し、「連携させてください」とお願いすることもあったと語っていた。そして、そうした連携が進むと、子どもの状況を知ったり、支援のあり方を相談したりするために、教職員が事業者を訪問するような信頼関係にもとづく情報共有と交流がなされるようになったということであった。COVID-19下では、そうした日頃の連携を活かしつつ、各事業者が柔軟に支援を行うことで、子どものリスク対応が可能になっていたのではないかと思われる。したがって、子どもの生と学びの保障に向けたリス

クマネジメントのためには、事業者と学校との日常的な連携、つまりソーシャルキャピタルの醸成が重要であるといえる。

　ただし、調査年度が少し遡るものの上記調査では、連携が必要と回答した事業者の3割が「うまくいっていない」と回答していた。それを踏まえて、連携の促進・阻害要因を探索したところ、連携の促進要因として、市区町村の福祉部局や教育委員会による個人情報保護のルール策定や学校との連携への仲介という行政の役割をあげることができた。一方で、最も大きな阻害要因として、行政の対応の不十分さを指摘することができた。

　いずれにしても、事業者やソーシャルキャピタル醸成に向けた行政の支援やかかわりが事業者と学校との連携の鍵となる点が示されたといえる。加えて、以下では、先にも触れたが、学習支援事業の成否を握る要因としての行政の理解と対応について検討しておきたい。

　上記事業者によると、COVID-19下の課題というよりも、それ以前から継続していた課題として、行政からの事業委託に関するものがあったという。本書の第3章でも述べられている通り、近年、学習支援事業の市場が拡大しており、生活支援やケアを担わない営利企業による学習支援事業の受託が増加しつつある。なぜなら、事業委託のためのプロポーザルでは、生活支援やケアに関する評価項目およびそのための物品費や人件費を計上する様式がないからである。また、生活支援やケアを担わない事業者は、学力向上や高校進学率の上昇を成果として示しやすいからである。そこには、生活支援やケアを担わない事業者には、困難層の中でもそもそも生活支援やケアまでせずとも学習に向かう子どものみが集まりやすくなる構図もある。さらに、そうした事業者は、プロによる洗練された文書にして成果を提出し、手慣れたプレゼンテーションを行うために見栄えがよい。なおかつ、少人数で事業運営する事業者よりも大手営利企業の安定した運営を求める行政もあるため、プロポーザルの審査票では生活支援やケアを担わない事業者に高い点数がつく場合が多い。そのため、B事業者は次のよ

うに述べる。

　NPOが大事にしたいのは、仕様書外の部分というか、生活困窮の学習事業というのは子どもとの接点であり、そこで見つけた子どもたちをいかに他の支援につないでいくかとか、逆に、地域内に受け皿がないのであれば、それを外から引っぱってくるのか、地域内部でつくっていくのかとか、高校とかその先に進んでいっても、切れ目のないサポートみたいなところなんです。僕らも提案でそれを謳うんですけど、どうしても特定提案のところになってしまって、そこの点数もそんなに高いわけではないので、仕様書の内容に沿った学習支援とか、行政が考える、学習指導的な学習支援という観点で見ると、プレゼンのうまさも相まって、やっぱりデータとかもきっちり出される（企業さんが受託していく）。

　E事業者も「（事業者によっては）事業の仕様書に書いていないことは一切しない、勉強だけ教えればいいとなりがちなので…略…何をしてくれるのかで（行政が）いろいろ判断する方がいいのかなと思う」と述べ、「学習だけ教えればいいという事業ではない」と考える自治体では、生活支援を含めた事業者が受託できるという。
　したがって、リスクマネジメントの課題として、生活支援やケアを担う事業者が事業受託をできるような仕組みをつくっていくことをあげることができる。そのためには、困難を抱える子どもの状況やそうした子どもと保護者を支援する事業内容や活動に対して、当該行政が理解を深めることが重要となる。そして、現在は仕様書外となっている生活支援やケアに関する活動内容や方法をプロポーザルの評価項目とするとともに、具体的にどのような困りごとを抱える子どもにどういった支援やケアを行ったのかを評価するプロセス評価も導入する必要があるだろう。筆者がかかわったある生徒は、学習支援の場があったからこそ夜間徘徊せずにすんだと話し

91

ていた。緊急時だけではなく、平常時のリスクマネジメントのためにも、学習の基盤となる生活とケアに目を向け、それを担う学習支援事業者を行政主導で育成するとともに、困難を抱える子ども支援のためのソーシャルキャピタルを醸成していくことが重要であると思われる。

【謝辞】
　なお、本研究は、JSPS科研費（課題番号：15K13197、20K02527）の成果の一部を含む。

【注】
　(1)　自治体や学校によって呼び名は異なるが、主に小学校の児童を対象に、平常時には放課後や長期休業中の預かり保育を担う組織のこと。
　(2)　学校から配布されるタブレット等は、持ち帰りができなかったり、学習支援に転用ができなかったりするため、放課後の学校外学習として用いることはほとんどできなかったという。

【参考文献等】
・*Economic Policy Institute Covid-19 and student performance, equity, and U.S. education policy,* 2020.
・柏木智子『子どもの貧困と「ケアする学校」づくり』明石書店、2020年。
・柏木智子「一斉休校の中での子どもたちへのケアと支援」末冨芳『一斉休校　そのとき教育委員会・学校はどう動いたか？』明石書店、2021年、258〜274ページ。
・柏木智子・武井哲郎『貧困・外国人世帯の子どもへの包括的支援』晃洋書房、2020年。
・国立成育医療研究センター『コロナ×こどもアンケート　第2回調査報告書』2020年。
・松村智史『子どもの貧困対策としての学習支援によるケアとレジリエンス』明石書店、2020年。
・三菱UFJリサーチ＆コンサルティング『政策研究レポート　新型コロナウイルス感染症によって拡大する教育格差―独自アンケート用いた雇用・所得と臨時休校の影響分析』2020年。
・仲田康一・大林正史・柏木智子「学習支援事業者と学校との連携に関する基礎調査」『大東文化大学教職課程センター紀要』第6号、2021年、1〜10ページ。
・大林正史・仲田康一・柏木智子「学習支援事業者と学校との連携の実態と課題―生活支援を重視する事業者との連携に着目して」『鳴門教育大学研究紀要』第37巻、2022年、164〜174ページ。
・OECD『新型コロナウイルス感染症（COVID-19）が子供に与える影響に対処する』2020年。
・彩の国子ども・若者支援ネットワーク『生活実態調査アンケート―コロナ禍における子どもの生活事態』2020年。
・United Nations, *The Sustainable Development Goals Report* 2020.

第6章

生活困窮世帯の子どもの学習支援を機能させるもの

——神奈川県版子どもの健全育成プログラム・子ども支援員からの示唆——

西村　貴之

　生活保護世帯の子どもを対象として実施されてきた学習支援事業は、生活困窮者自立支援制度の任意事業として位置づけられたことにより、これまでの予算事業から恒久的に財源が確保されることになった（国庫補助1／2）。学習支援事業は原則、生活困窮世帯の子どもを対象としているが、貧困の連鎖防止のために生活保護世帯の子どもも対象となっている。学習支援事業は制度の成り立ちから生活保護法と生活困窮者自立支援法とに関わる自治体の部局の連携事業の意味合いを帯びている。学習支援事業は、2018年の困窮者自立支援法改正によって「子どもの学習・生活支援事業」として強化された。松村は、学習支援事業が、当初の「有子世帯の自立という福祉的機能」に加えて「子どもの健全育成や様々な学びに資する教育的機能」が付加され、「子どもの貧困対策法・大綱において、福祉と教育の連携」が前進し、福祉的「自立」と教育的な「学習機会の保障」が近接しながら、「福祉と教育の一体的支援」として学習支援事業が展開されるようになったと評価する（松村2020：33-54）。

　他方で、桜井は、堅田の主張を引用しながら、「学習支援が強化されるほど、教育や学力による選抜の仕組みに貧困層を取り込むことになり、『単にテストの点が悪い』だけでなく、生活習慣、学習環境、親のしつけまで問題視され、改善の対象となっていく」と懸念を示す（桜井2019：72）。こうした両義性のある学習支援は、その実施主体である自治体の福祉部局がどのようなスタンスに立ち、学習支援を行う委託団体とともに事業を展開していくのかによってその性格が大きく変わる。本章では、神奈川県の「生

活困窮世帯の子どもの健全育成事業」（以下、健全育成事業）をとりあげる。とくに、そこで中心となって本事業を推進する「子ども支援員」が学習支援事業においてどのような役割を果たしているのかに注目することで、福祉アクターによる教育支援の可能性と課題を検討したい。

1. 神奈川県「生活困窮世帯の子どもの健全育成事業」の2つの特長

　神奈川県の福祉行政では「県所管（町村域）における生活困窮世帯を対象として、保健福祉事務所（以下、福祉事務所）に子ども支援員を配置し、家庭訪問や個別相談などを行うとともに、家庭学習の補完や社会性を育むための学習支援及び居場所づくり事業を実施し、生活困窮世帯の子どもの健全育成を図る」ことを目的とした事業を行っている[(1)]。この事業は、2010年に生活保護世帯を対象とした「子どもの健全育成プログラム策定推進モデル事業」をベースにしている。4か年のモデル事業が終了した翌年2014年度も国庫補助を活用することで事業の継続が決定した。2015年からは生活困窮者自立支援法関連事業として、その対象を生活保護世帯に加えて、生活保護廃止世帯、自立支援相談事業支援世帯および住居確保給付金受給世帯の子どもへ拡げた「生活困窮世帯の子どもの健全育成事業」として継続している。健全育成事業には2つの支援の特長（子ども支援員・子どもの健全育成プログラム）がある。

（1）子ども支援員の配置

　生活保護を所管する6つの郡部福祉事務所（支所・センター含む）[(2)]に、子どもや保護者・養育者（以下、保護者）に直接的・継続的に関わる「子ども支援員」が配置されている。生活保護ワーカーが担う主たる業務が、保護世帯に対する経済的給付をベースにした自立助長のためのサービスであるため、その世帯に暮らす子どもの育ちに関する支援がこれまでの業務において手薄になっていた。そこで県は貧困の世代間連鎖を防止する目的で、

子ども支援員を中心にした「子どもの将来に向けた支援」をスタートさせ
た（大澤・菊池・長谷部 2017：162）。子ども支援員は、各福祉事務所に直接
雇用され週4日（29時間未満）勤務している[3]。とくに必要な資格条件はな
く、特別支援学校教諭を定年退職した者、児童相談所を定年退職した者、
産業カウンセラーやジョブカード作成アドバイザー等の資格をもつ民間企
業勤務経験者、社会福祉士の資格をもつ者、臨床心理士の資格をもつ者、
海外でDVを受けた女性支援のボランティアなどを経験した者などこの職
に至るまでの経歴は様々である。

　子ども支援員は、以下のような子どもの健全育成の視点に立ったアウト
リーチ支援を行いながら、組織的な支援を遂行するために、その知見を活
かして後述する支援プログラムの策定・運営および改善を担っている。

ア　日常生活支援：子どもや保護者が日常的な生活習慣を身につけるため
　　　　　　　　　の支援
イ　養　育　支　援：引きこもりや不登校、育児不安に関する支援
ウ　教　育　支　援：進学や進路等に関する支援、高校生の就学定着・中退
　　　　　　　　　防止に関する支援
エ　就　業　支　援：高校生や中途退学者に対する就労支援
オ　そ　の　他　支　援：上記以外の子どもの健全育成に関する支援

（2）子どもの健全育成プログラム

　「子どもの健全育成プログラム」（以下、支援プログラム）は、福祉事務所
の生活保護ワーカーが、子ども支援員とともに生活保護等生活困窮世帯の
子どもの養育や教育に関わる課題に関係諸機関と連携・協働しながら子ど
もやその家族を支援するために策定された。これはモデル事業をスタート
するにあたり生活保護ワーカー、関係諸機関そして生活保護世帯を対象に
実施された「子どもの自立支援推進についての調査」の結果の分析に基づ

いて作成されている[4]。支援プログラムは支援の手順や留意点、養育や教育に関連する情報を集めた支援の手引書にあたり、子ども支援に不慣れな新任ワーカーでも活用できる多様なツールを掲載している。また、教育・労働・青少年などの関係部局と年に一度「生活困窮世帯の子どもの健全育成推進会議」を開き、支援プログラムの実施等本事業の活動報告とともに子どもの健全育成に関わる各部局の情報を共有しながら、連携・協働の組織的な支援基盤が維持されている。

　支援プログラムの支援対象は0歳から、中学卒業後・高校卒業後に進学も就職もしていない子どもや高校中途退学した概ね20歳までの子どもをカバーする。対象年齢や子どもの状況にあわせた4つの個別プログラム（「子どもの育ち支援プログラム」、「高校進学等支援プログラム」、「高校生支援プログラム」、「中学卒業後の社会生活支援プログラム」）と、2つの共通プログラム（関係諸機関の制度や支援内容、連携方法などがまとめられている「関係機関との連携構築支援プログラム」と「学習支援等居場所づくり企画支援プログラム」）の6つのプログラムで構成されている（【図1】）。手引書は合計200ページを超える分厚いものになっている[5]。

（3）子ども支援員を核とした重層的支援

　子ども支援員の配置と支援プログラムによって行われる健全育成事業は、次のような重層性を有している。1つは、「最低生活の保障の給付決定に係る業務及び当該世帯の自立助長に向けた支援」を行う生活保護ワーカーと、子どもの健全育成の視点から「子どもに係る部分」を「質的に補強する寄り添い型の支援」を担う子ども支援員が、当該子どもや家庭に対して重層的に支援を行うことによって支援効果を高めることが意図されている点である（株式会社日本能率協会総合研究所2020：162）。これまでの生活保護の相談援助・支援活動における生活保護ワーカーの支援では子どもに必要な支援が不十分になるケースがあった。この課題を克服する手立てと

【図1】子どもの健全育成プログラム・事業の体系イメージ

出典）令和2年度「神奈川県版子どもの健全育成プログラム」より転載

して、子ども支援員の養育・教育に関わる専門性によって子どもに必要な
支援を補強する。もう1つは、子ども支援員が核となって支援プログラム
と学習支援・居場所づくりを有機的に機能させて生活困窮世帯の子どもの
健全育成を目指している点である。子ども支援員が自立支援相談機関、学
習・生活支援事業委託団体および利用する子ども・保護者との間のキーパー
ソンとなって支援活動の充実を図っている（後述）。

2. 学習支援・居場所づくり事業

（1）学習支援等居場所づくり企画支援プログラム

　神奈川県は、郡部福祉事務所が学習支援等居場所づくりの事業を企画す
る際のノウハウや情報提供を行う目的で「学習支援等居場所づくり企画支
援プログラム」を策定している[6]。各福祉事務所のある地域性、対象とな
る子どもの数や学年等の実情をあわせて柔軟に企画できるように直営また

は委託の３つの事業形態のプログラム――「個別対応型」（担当の生活保護ワーカーおよび子ども支援員が個別に対応する）、「福祉事務所対応型」（福祉事務所が大学生などボランティアを募集して対応する）、「委託型」（県が委託する非営利団体等が対応する）――を提示している[7]。本支援プログラムのツールには福祉事務所が事業の企画を検討するにあたって重要となる次の項目をあげている。「適切な環境条件にある会場の確保」「周知および子どもや保護者からの参加同意書提出等の方法」「子どもの参加対象の選定」「個人情報保護の取扱および緊急連絡体制」「スタッフの体制」「ボランティアの確保」「スタッフの子どもとの関わり方の取り決め（「場のルール」の設定）」。このなかの「スタッフの体制」では、福祉事務所職員の本事業への積極的関与の必要性が指摘されている。

> 「（前略）事業を法人等に委託して実施する場合であっても、福祉事務所職員は会場に頻繁に顔を出して、子どもの様子を見ることが、委託法人と良好な関係を築き、事業をさせるポイントです。」

モデル事業２年目（2011年）に学習支援・居場所づくり事業の実施要領の検討がなされた策定部会の議論になかで、参加メンバーから「この企画支援の目的は学力向上なのか、それとも居場所づくりなのか」を問う発言があった。県の担当者は「市部では学習支援色が強いが、県としては居場所にウェイトを置いた学習支援といった位置づけで実施していきたい」と発言し、学力向上に特化・偏重せず、学習を足がかりに子どもの居場所づくりを重視する支援を志向することが確認された経緯がある。

本支援プログラムのツールには、福祉事務所職員や委託団体が学習支援・居場所づくりの現場においてどのようなスタンスで支援していくのかについての具体的なポイントを提示している。鍵となるのは、「子どもの主体性の尊重」「信頼関係の構築」「子どもにとってのロールモデルになること」

「子どもを受容し、傾聴の姿勢を徹底すること」である。とりわけ居場所づくりに関しては、子どもの参画が強調されている。

> 「居場所づくりは、企画段階から子どもに関わってもらい、社会的スキルの獲得を目指すプログラムが効果的です。また、体験することの楽しさや驚きを沢山感じてもらうこと、子ども自身に役割を与え、成功体験を経験する機会を作ること、などが大切です。」（下線筆者）

その他、「進路相談」「受験対策の支援方法」「注意事項（通う方法、緊急連絡先、アレルギーの有無の確認）など」のポイントが示されている。そのなかの進路相談のポイントとして、「子どもや保護者の同意なく学校へ成績の問い合わせができない」といった注意点に加えて次のように子どもや保護者が意欲的に進路実現を目指す働きかけの大切さが書かれている。

> 「志望校や家庭での学習状況、成績状況の聴き取り、生活上の相談、三者面談、今後の学習支援での目標の設定などを行います。子どもや親のモチベーションを高めることが大きな目的となります。」

この支援プログラムでは、各福祉事務所が学習支援・居場所づくり事業を企画する際に、担当職員に子ども・保護者と関わっていくうえでの視点や具体的な教育的支援のアプローチにたいする理解が求められている。委託型で実施する際は、こうした福祉部局の本事業のスタンスへの理解を共有し実践してくれる団体を選定する必要性が示されている。

（2）郡部福祉事務所の学習支援・居場所づくりの取り組みの実際

学習支援等居場所づくり企画支援プログラムにもとづいて、2019年現在、県が所管する福祉事務所4か所で学習支援・居場所づくり（以下、学習支援）

【表1】 郡部福祉事務所の事業状況（2019年度）

	平　塚	茅ヶ崎支所	足柄上センター	厚　木
開始年月	2011.7	2012.6	2012.1	2012.7
学習会場	公共施設	公共施設	公共施設	公共施設
対象学年	小、中、高	小、中、高	小、中、高	小、中、高
参加登録者数	12名	26名	21名	20名
登録者／対象者	86%	44%	33%	100%
生保世帯／登録者	42%	85%	52%	45%
実施体制	委　託 ＊福祉事務所 対応型から 移行	委　託 ＊福祉事務所 対応型から 移行	委　託	委　託
委託先	社会福祉法人	NPO法人	社会福祉法人	NPO法人
学習支援	週1回	週1回	週1回	週1回
居場所づくり	年4回	年5回	年8回	年7回
備　考	人口：920万人（県全域）、29万人（郡部福祉事務所） 面積：2,416㎢（県全域）、606㎢（郡部福祉事務所） 保護率：16.64%（県全域）、12.39%（郡部福祉事務所）			

が実施されている（【表1】）[8]。公共施設に対象者を集めて、担当職員とボランティアで行う福祉事務所対応型で始めた福祉事務所もあったが、現在すべての事業が委託型である。

　委託先の選定には、ボランティアを随時確保可能なことなどの条件を設けており、郡部で対応できる団体が少ない[9]。そのため、各福祉事務所がプロポーザル方式、随意契約、事前公募等多様な方法で契約を行っている（株式会社日本能率協会総合研究所 2020：163）。

　「学習支援」は週に1回放課後の時間帯（2時間）に実施されている。「居場所づくり」は、年に複数回委託団体が有する資源を活用して、BBQ大会、地引網体験、美術館などへの遠足、宿泊キャンプ、クリスマス会、卒業・進級等を祝う会、料理教室などが行われている。当初、参加対象を原則中学生としていた福祉事務所もあったが、子どもや保護者のニーズと支援の効果を見込んで、現在は小学生高学年から高校生まで受け入れている。

　福祉事務所職員は可能なかぎり学習支援の現場に顔を出すことが支援の効果を高めるうえで大切であるということが企画支援プログラムに示されており、各福祉事務所は運営状況や課題などの共有を図るために年に3回程度委託団体と運営連絡会議を開催している。子ども支援員は、毎回、学習教室の会場に足を運び学習支援に参加する。生活保護ワーカーも可能な限りローテーションで学習支援に参加する体制をとっている。

学習支援の取り組みの実際

　ある福祉事務所で委託型で実施された取り組みの報告から支援の実際（支援のポイント）の概要を紹介しよう。その年度は自然体験学習のノウハウがあり、フリースクールの運営の実績のあるNPO法人が受託していた。「学習支援」では、次の視点に立った指導を展開していた。ａ．生徒の主体性を尊重し、スタッフは受容と傾聴する態度を徹底しながら、個人面談を定期的に実施することで一斉型の指導ではなく個別に指導を受けていることを実感してもらう、ｂ．達成可能な目標を持たせて、積極的に学習に臨む態度を育てる。また、高校受験対策支援を早い段階で行い、受験への意識づけを行う、ｃ．多様なロールモデルを提示することを目的に、多くのスタッフを生徒に関わらせる。ｄ．レクリエーションや、おしゃべりタイムを設けることにより、メリハリのある雰囲気をつくると同時に生徒同士の仲間意識を涵養する。

　「居場所づくり」は、「今後のよりよい学習支援に結びつけるために、野外でのBBQ交流会などの自然体験学習を通して、生徒・スタッフ・職員の親睦を深め、学習意欲の向上と教室への継続登校を促すこと」を目的にしていた。「学習支援」（の活性化）を前提とした内容ではあるが、生徒の積極性を促すプログラムにもとづく体験学習（例えば、ふだん扱ったことのない食材や調理方法や道具などを用いたBBQ）は、集団活動（生徒、スタッフ、職員混合による）を通したロールモデルの発見、自己認知、大人との信頼関係の構築やソーシャルスキルの習得が図られていた。

（3）学習支援における子ども支援員の実践

　子ども支援員は、自立支援相談機関（生活困窮者自立支援の窓口）、学習支援事業委託団体、学校などの関係諸機関そして利用する子ども・保護者との間のキーパーソンとなって、以下の3つの活動を行っている。

①委託団体との調整

　子ども支援員は地域の実情を鑑みて候補となる団体を探す役割を担っている。例えば、厚木福祉事務所が担当する地域は外国につながる世帯が集住している。そのため、委託選定に関わって、子ども支援員は、外国につながる世帯が頼りにしているNPO法人や当該事務所と連携している関係機関からの情報等をもとに、子ども支援員が直接候補団体先に赴きリサーチを行っている。子ども支援員のA氏は、外国につながる子どもが経験する困難に寄り添い、ロールモデルになるような外国につながるボランティアを集められるNPO法人（外国につながりのある若者の当事者団体や外国につながる子どもの教育支援を行う団体）に学習支援を担ってほしいと考えていた。それとともに、交通に不便ながら「自然が多く、畑、川、キャンプ場、公園など、子どもが楽しめる資源は、無償も含め豊富にある。この強みを活かした学びの場を実現させたい」という考えをもち委託先候補を探していた(10)。

　子ども支援員は学習教室に顔を出しながら、学習支援の改善に向けた働きかけを委託団体に提案することもある。例えば、ある福祉事務所では学習教室に通う生徒の支援を手厚くするために、生活保護ワーカーと委託団体のコーディネーターが、子ども一人ひとりの実情や今後の重点課題を話しあう機会を設けた。時間がかかったがお互いの情報を共有でき有意義であったと高評価を受けたという。また、子ども支援員は子どもたちの参加率を高める工夫を積極的に委託団体に提案もしている。例えば、ある福祉事務所では、子ども支援員が栄養の日にちなみ8月に、所内の栄養士・歯

科衛生士、委託団体と協力して歯磨き講座を計画した。参加者には好評を得た。

②学習支援につなぐ

　対象世帯の保護者や子どもから同意が得られて支援プログラムが開始された際に、該当する世帯に対して学習教室の案内を周知するが、すぐに利用されるとは限らない。子ども支援員は、子どもや保護者とのラポールを築いていきながら喫緊の課題の解決を図りつつ、子ども自身が学びの必要性を感じたり、現状の子どもが置かれた状況が、家庭や学校以外の場（居場所）で他者との関わりによって改善する可能性が高いと判断したタイミングで学習支援につないでいる。「子どもの健全育成プログラム事例集〈別冊〉」（令和3年10月版）から、一部筆者の修正を加えた概要を3つ紹介しよう。

[高校中退のリスクがあったBさんのケース]

　母子世帯で幼少期から育児放棄を受けて育ったBさんは、高校入学後の校内での素行の悪さから生徒指導の対象となり中退のリスクがあった。そのことを母親から聞いた子ども支援員が週に一度家庭訪問をしてBさんの言い分に耳を傾けラポールを築いていった。その後、2人の同意を得て学校に連絡をとり、Bさんの思いを学校に伝える機会を設けた。このような関わりのなかで、Bさんに「成績を上げたい」という気持ちがあることがわかった子ども支援員が、学習支援につなげた。学習教室に通うことに慣れるまで同行した。学習に集中できない日もあるがBさんのペースを尊重した。やがて年齢の近い学習ボランティアと仲良くなって、休みなく通い、ボランティアに学校や家庭の愚痴をこぼしたり、将来展望を語ったりするようになるなど、学習教室が居場所になった。

[養育能力に課題がある親と暮らすCさんのケース]

　父親と死別後生活保護を受給した母親とCさんの弟は療育手帳を保有している。子ども支援員は、家計管理など日常生活が難しい母親を社会福祉協議会等他機関の支援につなぎ、また不登校傾向がみられる弟の通学支援と放課後等デイサービスの活用を提案するなど母親の養育上の負担を軽減した。その上で、

Cさんのモデルとなりかつ頼りになれる大人と出会わせる機会をつくるために学習教室の参加を促した。学習教室では、同じような境遇を持った友人ができた。学習ボランティアの大学生に憧れ、学習意欲が高まり大学進学を考えるようになる。その後経済的な条件を考慮して、高校卒業後保育士養成の専門学校に進学した。子ども支援員は保育士として就職が決まったCさんに、学習教室に通う後輩たちに自分の経験を語ってもらう機会を設けた。それは大学生よりも身近な境遇のモデルとしてCさんを子どもたちに出会わせる意図があった。

[外国につながる母子世帯のDさんのケース]

　外国籍の母親は心の病と言葉や文化の壁によって日々ストレスを抱えていた。Dさんが小学校6年生の時に支援を開始した。子ども支援員は、学習するにあたってどのような困り感があるのか親子と確認した上で、学習習慣を確立するために学習教室に通うことを提案した。当時中学生を対象としていた学習教室に交渉して通える環境が整い、日本語を理解する学習から始めた。中学校に進学してからは、高校入試（内申点）を意識して提出物やボランティア活動など学校生活の支援をしながら、学習教室で学力向上を図った。Dさんは得意科目の社会で90点取るまでになった。やがて友だちができて、学習教室は勉強するだけの場でなくなった。高校に合格してからも学習教室で学習を継続しており、子ども支援員は、彼が学習教室に通う後輩たちのモデルになっているとみている。母親も子どもを通して地域に安心できる居場所ができたと感じることで、意欲や自尊感情を回復し就労にいたった。

　子ども支援員が、支援プログラムを開始した際のアセスメントや家庭訪問で、子どもをとりまく環境の不安定さ（保護者の脆弱な養育環境、子どもの中退リスク）に気づき、子どもの健全育成にむけた改善を図る。その過程で親子とラポールを築いていきながら、家庭や学校以外の場に子どもが参加することが有益であると判断した際、学習支援につなげている。学力向上も重視しつつ主眼は、学習教室の場で他者と関わることにある。子ども

支援員は、学習支援を通して、身近にはいないモデルとなりうる大人や同じように困難を抱えながら生きる同世代との出会いを期待している。ひいては、彼ら彼女らが学習教室に集う後輩たちのより身近なモデルになっていくことを期待している。

③学習支援の現状と課題の整理

　健全育成事業では、教育・労働・青少年などの関係部局を集めた会議（8月）と、本事業の福祉部局担当者による推進部会（2月）がそれぞれ年に一度開催される。その際に、子ども支援員は、各事務所の健全育成プログラムの現状と課題とともに、「学習支援・居場所づくりの状況」を報告する役割を担っている。委託先から提出された「学習支援」の参加者数や「居場所づくり」のイベント内容のデータと、学習教室に毎回顔を出しながら現状を把握した見立てをもとに、福祉事務所としての課題を整理して報告をする。そこでは、学業成績や進学実績に言及するというようはむしろ、例えば、テスト前に参加していた生徒たちが集中して学習に向かっていた様子や、日本語に課題がある外国につながる生徒の数学に、英語教諭のボランティアが通訳に入って支援を行っている様子が具体的に報告される。課題についても、例えば学習教室に発達に特性のある参加者がおり、受験に特化した学習支援の必要性を認めつつも、こうした層のニーズに応える学習支援や居場所の必要性を指摘したり、健全育成支援プログラムを利用していない生活困窮世帯の子どもの困難(不登校やネグレクトなど)について、窓口の自立支援相談機関（社会福祉協議会）と思うように連携が取れない制度上の課題が報告されたりする。こうした会議体で年に二度各福祉事務所の状況が共有され、適宜、会議出席者からの助言を受けながら、取り組み内容の意義と課題が確認される。

3. 福祉アクターが関与する学習支援の可能性と課題

　本章でとりあげた神奈川県の学習支援では、子ども支援員が学習教室の

内と外をつなぐ役割を積極的に担っている。委託団体はこの福祉アクターのニーズに応えながら学習支援を行わなくてはならないため、時にやりにくい場面も生じうる。その一方で家庭をはじめ子どもをとりまく環境やその課題を丁寧に捕捉する福祉アクターが学習支援に関与することは、受験学力向上に特化した教育産業が本事業に参入することを一定程度阻止する機能も果たしうる。とはいえ、こうした機能を発揮するためには、本章冒頭でふれた桜井のいう「教育や学力による選抜の仕組みに貧困層を取り込む」自己責任の陥穽にはまる危うさをどう回避していけるかがカギになる。

前節で定型発達の子どもを想定した学習支援の枠組では、発達に特性のある利用者に対する適切な支援が困難である点を子ども支援員が会議で報告した事例を紹介した。

この指摘は、学習教室が参加するすべての子どもがありのままの自分でいられることを前提に、多様な関わりを通して社会に参画する人格的発達を目指せる場となる必要性を表している。学習教室に通う多様な背景のある子どもたちがそれぞれに望む自己実現とそのために必要な学びや教育支援はどうあるべきなのか。福祉アクターには、欧米のユースワークや日本の社会教育分野で実践されている包括的な社会参加のための支援に学びながら、個人の能力形成に偏ったターゲット支援を超えたより広い視野に立った学習支援をコーディネートすることが求められる。

子ども支援員のアウトリーチ支援活動と連携した学習支援のシステムは県が取り組む健全育成事業の要である。学習支援の両義性について、神奈川県の福祉部局は新自由主義的な自己責任論を排除するスタンスを維持していると筆者はとらえている。その理由は、1つに、福祉部局内でこのスタンスに対する合意形成がなされている点である。2010年にモデル事業がスタートした際、本庁や各福祉事務所の担当職員たちは生活保護を受給する有子世帯、生活保護ワーカーおよび関係諸機関を対象に実態調査を実施

しながら学習支援のあり方を丁寧に議論してきた。彼らはその後本庁や各事務所間を異動しながらこの自己責任論を排除するスタンスを徹底する役割を担っている。

2つに、子ども支援員による実践の蓄積である。割愛したが、生活保護ワーカーと子ども支援員との連携・協働も最初からスムーズになされたわけではない。子ども支援員が介入することで生活保護ワーカーの世帯支援がうまくいった成功体験を積み重ねながら、子ども支援員の役割の重要性が所内で認められてきた経緯がある。また複雑で多様なニーズのある子どもへの支援は難しいため県は子ども支援員業務連絡会を開催し成功・困難事例の共有を図っている。試行錯誤して営まれてきた実践（うまくいかない事例を含めて）について毎年、関係諸機関も出席する推進会議の場で報告がなされることで、単に学力向上を目指すことだけでは子どもの貧困問題は解決できないという理解が共有されている。

3つに、本事業に研究者が継続して関与していることである。公的扶助論・児童福祉・教育学の研究者が、社会福祉や教育の政策動向などの情報提供、本事業の評価や子ども支援員の研修を担うなど本事業の継続・改善に関与していることもこのスタンスの維持に寄与している。

とはいえ、子ども支援員が非正規職員で不安定な身分であるという課題も含めて厳しい自治体の財政状況のなかで、本事業が新自由主義的な性格に変わる可能性もありえなくもない。今後の動向に注目していきたい。

【注】
(1) 平成29年度「神奈川県生活困窮者世帯の子どもの健全育成事業実施要領」。
(2) 平塚保健福祉事務所、平塚保険事務所茅ケ崎支所、鎌倉保健福祉事務所、小田原保健福祉事務所、小田原保健福祉事務所足柄上センター、厚木保健福祉事務所。
(3) 子ども支援員制度初年度は1日6時間、週3日勤務からスタートし実績とその必要性が認められることで勤務時間数が増加した（2018年3月22日、元子ども支援員A氏電話インタビュー）。子ども支援員は6か所に7名配置されている。
(4) 筆者は、岡部卓氏（公的扶助論、東京都立大学名誉教授・明治大学）、小林理氏（児童福祉学、東海大学）とともに有識者（教育学）として本調査を含め本事業に関わっている。

(5) 詳細は神奈川県HP「生活困窮世帯の子どもの健全育成について」を参照されたい。https://www.pref.kanagawa.jp/docs/r6w/cnt/f152/p1062265.html

(6) 策定部会では、県所管の郡部福祉事務所だけでなく市部福祉事務所が事業を企画する際の参考にできるよう検討された。

(7)「委託型」については、2009年から地域若者サポートステーションを開設したNPO法人に委託して実施している神奈川県相模原市の「子ども・若者自立サポート事業」の担当職員を策定部会に招き助言をもらいながら検討を進めた。

(8) 2019年度「生活困窮世帯の子どもの健全育成推進部会」資料の2020年1月1日現在の数値をもとに筆者が作成。備考については日本能率協会総合研究所報告（160ページ）のデータを引用。なお、小田原福祉事務所では2020年度より中3の対象者が複数おり個別対応型で福祉事務所職員が学習支援を開始した（2021年度まで予算化されていないため職員の寄付で実施されていたが、2022年度は予算化されている）。

(9) 郡部でこの事業を展開するうえで交通の不便な地理的な制約が課題になっている。移動手段の乏しい子ども（とくに車の保有が原則認められていない生活保護世帯の子ども）は参加が厳しい。また移動時間を多く要する子どもの安全配慮の課題などがある（株式会社日本能率協会総合研究所2020：163）。委託契約においても同様である。ある福祉事務所では開始年度から2019年度にかけて委託先が複数変わっている。その主たる要因は、交通の不便な地域ゆえに委託団体がボランティアを集めることが厳しくなったことにある。

(10)子ども支援員A氏電話インタビュー（2021年11月31日）。

【参考文献等】
・菊池健志・大澤弘美・長谷部慶章「子どもへの支援」岡部卓・長友祐三・池谷秀登編『生活保護ソーシャルワークはいま―より良い実践を目指して』ミネルヴァ書房、2017年、160～182ページ。
・桜井啓太「生活保護世帯の子どもへの教育支援―教育Learn+福祉 welfare＝ラーンフェア Learnfare」佐々木宏・鳥山まどか編著『教える・学ぶ―教育に何ができるか』明石書店、2019年、59～84ページ。
・松村智史『子どもの貧困対策としての学習支援によるケアとレジリエンス―理論・政策・実証分析から』明石書店、2020年。
・神奈川県生活援護課子ども支援員業務連絡会「子ども支援員活動の手引き（第3版）」2015年。
・神奈川県福祉子どもみらい局福祉部生活援護課「子どもの健全育成プログラム事例集（別冊）令和3年10月版」2021年。
・株式会社日本能率協会総合研究所「子どもの学習・生活支援事業における生活習慣・環境改善に関する支援の先進事例に関する調査研究事業報告書」2020年。

第7章 高校内居場所カフェの支援機能

高橋　寛人

　校内居場所カフェとは、一般に、若者支援に実績を持つ団体によって運営され、毎週または隔週1回程度、学校内のホールや空き教室等で、生徒に無料でドリンクやお菓子などを提供する。生徒同士が交流を深めるほか、生徒が団体のメンバーやボランティアと気軽におしゃべりをする中で、生徒自身で課題解決の方策を見いだしたり、運営団体が福祉・就労支援等を行ったり、関係機関につなげるものである。

　本章の筆者は、勤務する公立大学の教員地域貢献事業の1つとして、神奈川県・横浜市の高校内居場所カフェについて調査研究を行って報告書にまとめた（高橋 2016、2017）。また、神奈川・大阪の高校内居場所カフェの運営団体のメンバーと『学校に居場所カフェをつくろう! 生きづらさを抱える高校生への寄り添い型支援』（明石書店、2019年）の編集に関わった。

ようこそカフェの風景

この章では、カフェが広がってきた経緯、カフェのシステム、生徒への支援のしかた、生徒だけでなく地域の人々の交流の場となっていること、そして、困難を抱える高校生「支援」の方法としてとくに有効であることを指摘する。

なお、2020・21年度はコロナ禍により、カフェでの本来の活動が制約されてしまった。本章は、コロナ禍以前のカフェについての説明である。

1. 高校生の困難と居場所カフェの普及

（1）高校生の困難

　近年の高校生は、スマホ代、部活の経費、通学のための定期代、ノートや文具、教材費や専門学校・大学進学のための貯金など、自分自身のための費用をバイトでまかなうケースが増えている。さらに、家族の食費や光熱費などの生活費を稼がざるを得ない生徒がめずらしくなくなったと言われている。「課題集中校」には、所得の少ない家庭の子どもが少なくないので、アルバイトをしている生徒の比率が高い。1週間に何日もアルバイトをすれば、部活はできない。長時間のアルバイトは勉学に支障がでてくる。朝起きられず遅刻する、授業中に寝てしまう。試験期間中もアルバイトを休めない場合は、試験勉強ができない。

　保護者の労働環境も厳しさを増している。早朝・夜間・深夜労働や、低賃金のため長時間労働を強いられる場合は、親子で食事を共にする機会が少なく、親子の会話の時間が取りにくい。子どもが親にかわって家事を引き受けなければならない。親も子どもも心理的余裕も乏しくなる。

　女性は正規社員に採用されにくく、低賃金の不安定雇用となるため、母子家庭の半数が相対的貧困にあることはよく知られている。親が再婚した場合、継父や継母との関係をうまく結べないケースがある。再婚ではなく、親の恋人が家にいるという場合もある。兄弟姉妹でも、父または母が異なる場合もある。このような事情で、家庭に居づらくなる子どもも少なくない。

　以上に見てきたような高校生が抱える困難に対して、高校教員にできることには限りがある。一昔前、生徒を何とか卒業させれば、定職につくこ

とができて、生活保護から脱却させられた。しかし今は、正規採用の求人が少なく、多くが低賃金で不安定雇用である。正規雇用でもかつてのような昇給は期待できない。非正規雇用では普通、国民年金と国民健康保険の保険料を、少ない収入の中から自分で納めなければならない。非正規雇用で努力しても、正規雇用に転換することは難しい。

（2）高校内居場所カフェの広がり

　以上のような生活上の困難を抱える高校生に対する支援には、教員以外の人材の力が必要である。高校内居場所カフェは、若者支援の実績を持つ団体が運営している点に大きな特長がある。

　高校内居場所カフェの第1号は、大阪府の知事部局の委託事業として2012年度より大阪府立西成高校で始まった。一般社団法人「ドーナッツトーク」が運営する「となりカフェ」である。その後知事部局による「大阪府・高校内における居場所のプラットホーム化事業」となり、府内20の高校で、「ドーナッツトーク」を含む8つのNPOがカフェ事業の委託を受けた。2017年度からは、大阪府教育委員会による「課題早期発見フォローアップ事業」となった。「ドーナッツトーク」は現在「モーニングとなりカフェ」を、朝の授業前に開いている（ただし、「となりカフェ」は「ドーナッツトーク」の自主事業となった）。

　大阪府立西成高校の「となりカフェ」と並んで有名なのが、神奈川県立田奈高校の「ぴっかりカフェ」である。どちらも新聞、テレビ、雑誌などに繰り返し取り上げられ、また、ネットを通じて関係者の間で情報が交換されてきている。田奈高校の「ぴっかりカフェ」は、西成高校の「となりカフェ」をまねて2014年度にはじまった。ただし、田奈高校のカフェは学校図書館で行っている点に大きな特色がある。田奈高校では以前から、生徒が気軽に入室できて、居場所になるような図書館づくりを進めていた。そして、2011年から「ぴっかり図書館」と名付けて「交流相談」をはじめ

た。オープンな図書館での交流相談の際
に、ドリンクを提供したのが、「ぴっかり
カフェ」のはじまりであった。

　川崎市では、川崎市立川崎高校定時制
で「ぽちっとカフェ」が開かれている。
同校は、夜間部のほかに昼間部も持つ定
時制である。2014年10月に川崎市の福祉
施策の一環としてはじまり、2016年度か
らは市教育委員会の「生徒自立支援業務
委託事業」となった。委託団体は、川崎
市ふれあい館を運営している社会福祉法
人青丘社である。

ぴっかりカフェの入り口

　横浜市立高校でも、2016年秋から横浜総合高校で居場所カフェがはじ
まった。横浜市立横浜総合高校は3部制の定時制高校である。「ようこそ
カフェ」は、青少年の育成活動に実績を持つ公益財団法人「よこはまユー
ス」、外国につながる子どもたちの支援を行うNPO法人「多文化共生教育
ネットワークかながわ（ME-net）」、そしてNPO法人「横浜メンタルサービ
スネットワーク」の3団体が共同で運営している。ほかに、神奈川県立
津久井高校「出張ポルトカフェ」、県立厚木清南高校通信制「カフェブラ
ンシュ」などが誕生、2018年には神奈川県内での高校内居場所カフェは
およそ10校を数えるようになった。

　北海道では市立札幌大通高校（定時制）で2018年から「DORIカフェ」が
スタートした。公益財団法人さっぽろ青少年女性活動協会による運営であ
る。本書第8章は「DORIカフェ」を取り上げて考察している。

2. 高校内居場所カフェの実際

（1）居場所カフェの中味

　カフェ利用の流れを説明しよう。①生徒はカウンターで名簿に名前を書く、②紙コップにマーカーで名前を書く。③紙コップをボランティアかスタッフに渡してドリンクを注いでもらう。ボランティア・スタッフと生徒との間の交流が生まれやすくするためである。ドリンクは、1.5リットルや2リットル入りの大きなペットボトルのことが多い。④カウンターに置いてあるお菓子をとっていける。各高校の居場所カフェでは、当初、クッキーやパイなどの菓子類を出していた。そのうちに、ミニカップラーメンや、カップ味噌汁、カップスープなども提供しはじめた。お菓子よりもこれらの方が人気が高い。⑤椅子に座って、友達同士またはスタッフやボランティアと談笑したり、ゲームなどをする。ボランティアの大学生に勉強を教わる生徒もいる。

　以上は、標準的なカフェ利用のプロセスであって、カフェごとに特色がある。大阪の西成高校の「となりカフェ」は、2017年より「モーニングとなりカフェ」となり、朝7時からトースト、ゆで卵やコーヒーなどを提供している。

　生徒たちにカフェは人気である。子どもたちは、カフェのよい点として「カフェで人と話ができて発散になる」「考え方が違う人に出会える」「居心地が良い。家に帰りたくない」「実家よりも安心する」などをあげる。カフェは強制参加ではないので、カフェに来る子どもたちがカフェを歓迎しているのは当然ではある。

　ところで、貧困によって人々は日々の食事や衣服に事欠くだけではなく、文化にふれる機会も制約される。旅行をしたり映画を見たりすることはもちろん、本を買うのも容易ではない。電車賃やバス代の負担も大きいので、

街に出かける機会も減っていく。居場所カフェは、高校生に文化的な環境を提供することを意識している。「ぴっかりカフェ」は、カフェを図書館で開くことで、生徒たちが図書に触れる機会を増やしている。学校司書の松田ユリ子さんは、若者が関

廊下の横の吹き抜けのオープンスペースで

心を持ちそうな本を目立つように展示している。写真集やミュージシャン関係の図書なども並べている。「ぴっかりカフェ」を運営しているNPO法人パノラマの石井正宏さんは、カフェで子どもたちに「文化のシャワー」を浴びせようと、ウクレレ、コーヒーミル、アフリカの楽器などを持ち込んだり、洋楽を流したりしている。

　外国につながる子どもたちの中には、日本語力が不十分なため、入学難易度の高くない高校や定時制に進学するケースが多い。外国につながる子どもたちにとって、母語で生徒同士話ができることや、母語で書かれた若者向けの雑誌や図書・漫画に触れることは喜びであり、母語の維持・向上に有益である。そこで、カフェに、中国語、タガログ語、ポルトガル語などの雑誌を置いて、手にとって読めるようにしておく。また、大学生ボランティアの中に、中国人などの留学生が参加すると、子どもたちはとても喜んで母語でおしゃべりし続ける。

（2）生徒たちの語り

　人との交流を求めている子どもたちがいて、実際にカフェがそのような場となっていることに大きな意義がある。高校内居場所カフェを「交流カ

フェ」と呼ぶ場合があるが、その理由はここにある。居場所とは、そこで
は誰もが存在を肯定される空間である。

　困難な環境で育った子どもたちの場合、かまってもらえる、自分に関心
を持ってもらうという経験が乏しいケースがめずらしくない。虐待など両
親から大切にされてこなかった子どもたちは、自己肯定感が低くなりがち
である。小中学生時代に学業成績がよくなかったり、得意なことがない子
どもなどは、一般に、大人にしかられた経験は豊富でも、ほめられた経験
が乏しい。大人に真剣に話を聞いてもらうだけでも、自分を認めてもらっ
たという実感を持ち、自分が大切にされていると感じることができ、大き
な喜びとなる。

　生徒たちがスタッフやボランティアと話す内容は、家族、学業、アルバ
イト、交友、進路など様々である。家庭関係では、「家族との折り合いが
悪く、家で落ち着かない」「授業が終わってから夕方のアルバイトまでの間、
家に戻りたくない」という声がある。家が居場所でないのである。

　再婚家庭で新しい親と同居していたり、ひとり親家庭で親の恋人がしば
しば家に来るケースがある。非正規就労の場合、ときどき仕事が途切れた
り、夜間に働いている場合がめずらしくない。そこで、昼間家に帰ってみ
ると、実の親は働きに出ていて、新しい親あるいは親の恋人が狭いアパー
トやマンションにいるという場合がある。親の再婚相手、まして親の彼氏
または彼女と、狭いアパートやマンションで一緒に生活することは、高校
生にとってかなりの緊張である。夜も熟睡できない日々が続く子どもがい
る。「早く家を出たい」という気持ちになるのもうなずける。

　子どもたちが「今日は朝から何も食べてない」と話すのは日常的である。
定時制高校の場合、アルバイトをしている生徒はとくに多い。既述のよう
に、その目的が、子ども自身のためではなく、家計を助けるために働いて
いるケースがある。「週6でバイト、昨日までは特別10連勤だった」など
という生徒もいる。

「家事を一手に引き受けていて、大変」という子どもがめずらしくない。ひとり親家庭あるいは両親ともに仕事に追われて家にいる時間が短く、生徒が買い物・炊事・洗濯・掃除や、さらには兄弟姉妹の面倒を見ているケースである。親の看病をしながら家事をしていたり、祖父・祖母の介護までしている子どももいる。いわゆるヤングケアラーである。

（3）相談と支援の方法

　校内にカフェを作って生徒の持つ困難に対処しようとしても、生徒が来なければ相談にのることはできない。そこで、生徒が自らの悩みを安心して語られるようにするために、気楽に集まって話しあい、相談できるような空間にすることが必要となる。椅子と机を置いているだけでは、高校生は立ち寄らない。ドリンクやお菓子や軽食を用意し、タダで食べてよいとすると多くの生徒が集まる。

　ところで、子どもが専門家に相談するためには、子ども自身が困難を認識しなければならない。例えばカウンセリングルームを生徒が訪れるためには、自分の抱える困難は何かをある程度理解し、その解決にカウンセリングが役立つ可能性があると考えていることが必要である。しかし、居場所カフェを開いている高校の生徒の困難は複合的なものが多い。生徒自身が困難を感じているものの、困難が複合的であるために具体的な困難を認識できず、困難の克服の道がわからないことがめずらしくない。

　そもそも、相談室という閉め切られた部屋の中で、知らない大人と1対1で話をする、しかも自分の私生活の問題点をさらけ出すのは、非常に大きな不安である。自分の困難を他人に打ち明けて相談するには、相談する相手に対する不安が取り除かれていなければならない。

　どんな人に対してなら、子どもたちは自分のことを安心して話すことができるだろうか。生徒が本音で相談するために大切なことは、相談相手の職名や肩書きよりも交流の中で生まれる信頼である。生徒は「カフェ」で、

専門家だからではなく、話しているうちに人間関係ができて「この人なら相談できる」と思うから相談するのである。そこで、高校内居場所カフェで生徒と接するスタッフやボランティアには、生徒との間にこのような信頼関係をつくることが求められる。

　生徒と信頼関係をつくるのは簡単ではない。大人への不信感が強くて他人に頼ることを警戒する生徒も少なくない。「ぴっかりカフェ」のスタッフを務めている小川杏子さんは次のように書いている（小川 2021）。

　　「最初からその懐にポンと入れるわけではない。大人を頼り、失敗を許され、ほめられ、小さくても自分の思いがかなえられる経験を共有する。そんなふうに時間をかけて関係を築いていくと、だんだんに『ねーやばい』と連絡をくれたり『これどうしたらいいの』とたずねてくれたりするようになる。」

「相談」のレベルに至らなくても、居場所カフェで生徒が自分の話をすることを通じて、生徒自身の力で解決に向かっていくことが可能になる。スタッフやボランティアは、高校生と話し合う際に、高校生が自らの複合的な困難を分解して、一つひとつの困難について解決方法を考えさせるように試みる。そして、進路の問題であれば進路指導室等へ、心の問題であればスクールカウンセラーへ、身体や健康の問題であれば保健室へ相談に行くようすすめる。学外の専門機関による支援が必要な場合は、スクールソーシャルワーカーが配置されていればその人を通じて、あるいはカフェの運営団体が直接外部の支援機関につなげる。就労支援、メンタル支援、医療支援、生活保護や障害者手帳の申請などである。

　子どもに対する支援のあり方は、子どもの発達段階によって異なる。小学生の場合、子どもの生活上の困難を軽減するには、子ども自身の努力よりもむしろ保護者の生活・行動の改善によるところが大きい。他方、高校生の場合は、保護者よりも子ども自身の努力が成否の鍵を握っている。交流相談を通じて、困難を明確化し整理して、生徒が自ら主体的に解決に取

り組むよう支援し、必要に応じて関連の外部専門機関につなぐことが、高校内居場所カフェの運営団体の役割である。

（4）地域の人々の参加と交流

　カフェには生徒だけではなく、運営団体のスタッフ、ボランティア大学生のほか、地域の大人が訪れることもめずらしくない。居場所カフェを進めていくうちに、食材を寄付してくれたり、お菓子作りが得意な人がクッキーを作って持ってきてくれる、教育関係者や若者支援団体のスタッフが見学に来る、マスコミやジャーナリストが取材に来るなど、いろいろな大人がやってくる。また、カフェのボランティアは、初めは大学生が中心であったけれども、カフェを訪れる生徒が増えていくと大学生だけでは足りなくなり、地域の大人がボランティアで参加するようになった。先にも述べたように、カフェを開いている学校の子どもたちは、自分の話に真剣に耳を傾けてもらうことがうれしいので、年の離れた大人たちとも喜んで話しをする。生徒だけでなく様々な人々が参加するほど、カフェはにぎやかで楽しい場となる。

　若者支援を通じて様々な団体が参加し、地域の人々のつながりが生まれる。高校内居場所カフェで生徒が地域の様々な人々とふれあうことによって、生徒たちの社会への目が開かれる。例えば、幼少の頃から生活保護家庭で育った子どもの場合、父親や母親が毎朝仕事に出かけて夜家に帰るという、一般的な労働者家庭の生活を知らないことがある。親戚や近所に大卒の人がいないため、身近な大卒は学校の先生だけという生徒もめずらしくない。高校内居場所カフェには、若者支援に実績をもつ支援団体のスタッフや大学生、さらには地域の大人もボランティアとして関わる。様々な人々と関わることで、生徒たちの人間関係が豊になり、社会に対する理解も広がる。

　前述のように、カフェで、お菓子の他に小さいカップ麺やインスタント

味噌汁などを提供するケースがある。育ち盛りの年齢であり、また、貧困で充分に食事をとれない生徒がいるため、食べ物の人気が高い。カレー、サンドイッチ、うどんなどの軽食を生徒にふるまうこともある。食事の調理は、たいていボランティアの力を借りている。

　横浜総合高校の「ようこそカフェ」では、料理研究家で元横浜市教育委員の長島由佳さんが、「パルシステム横浜ゆめコープ」の支援やボランティアの協力を得て、食育教育の一環と位置づけて軽食を提供している。もともと、地域の住民や関係団体から食べ物の寄付が寄せられていた。2017年秋、地元のラジオ番組でカフェが2回取り上げられると、様々な市民、団体からとくに食べ物が大量に寄付された。とくにお米は500キログラムにものぼった。寄付された大量の食材は期限内に調理する必要があるので、当初の予定よりも多く軽食を提供することとなった。その結果、2017年度に開かれたカフェが31回で、そのうちの11回にのぼった。生徒たちに大好評で、強い要望にこたえて翌年と翌々年度は、カフェ開催日のほぼ毎回軽食が用意された。食事のメニューは毎回変えているので、様々な料理を知り、味わうことができる。高校生たちは、料理を通じてボランティアの大人たちと会話する。調理や盛り付けを手伝う生徒もいる。

　「パルシステム横浜ゆめコープ」のほか「フードバンク神奈川」からの食料提供や「おてらおやつクラブ」からのお菓子の寄付などの定期的な支援のほか、様々な団体や個人から寄付が随時寄せられる。そして、支援や寄付をしてくれた人々がカフェを訪れる。カフェに来た大人同士でも、お

あたたかい手作りご飯

しゃべりがはじまる。高校内居場所カフェは、地域の人々の交流の場となるのである。子どもや若者のために、地域の人々の間のつながりが拡大・強化されることは大きな副次的効果といえよう。

3. 校内居場所カフェにおける「支援」

（1）学校内の「別空間」

　高校内居場所カフェというが、そもそも生徒にとって学校は居場所ではないのだろうか。居場所カフェは、校長をはじめとする教職員が生徒の困難をよく認識している学校に置かれる。そこで、生徒と教職員の関係は親密であり、学校を居場所と感じている生徒は一般の学校より多いと思われる。しかし、教職員の力では、これまでに見てきたような生徒たちが抱える生活面の困難を解決することはできない。

　居場所カフェとは、学校の中の「別空間」である。居場所カフェの中心的な機能は教育ではなく福祉である。学校という教育機関の中に、福祉機能の空間をつくるのである。したがって、カフェを運営するのは学校ではなく、福祉の面で若者支援の実績のある団体に委託すべきである。カフェのスタッフやボランティアは教員とは異なる経験や価値観を持つことが求められる。

　「となりカフェ」の田中俊英さんによれば、生徒の前ではスタッフと教員はなるべく話をしないようにしているという（末富・田中 2017：281）。

> 「『指導』や『評価』を仕事にする教員が日常的に出入りする場所は、困難を抱える高校生にとってほんとうの居場所とはならない。また、教員の仲間だとわかってしまう大人には心を開かないのも、課題を抱える高校生に共通している。」

とはいえ、実際には居場所カフェのスタッフが教職員と全く連絡を取り合っていないわけではない。

　また、この空間は、生徒にとって「居場所」でなければならない（末冨・田中2017：274）。

　　「日常に行きづらさをかかえ（主として家庭環境）、内面にも思春期青年教育時の葛藤をかかえ、友人関係で悩む多くのハイティーンたちにとって、校内にある居場所カフェはなんとなく気分が紛れるものとして存在する。」

　田中さんは、そのような場所を「サードプレイス」と呼ぶ。ファーストプレイスは家庭、セカンドプレイスは学校（大人の場合は職場など）、そして家庭や学校以外の居場所が「サードプレイス」である（田中2019：15）。「サードプレイス」論は、米国の社会学者オルデンバーグ（Ray Oldenburg）が唱える主張である（オルデンバーグ2013：42）。オルデンバーグによれば、「サードプレイス」とは、誰もが自由に出入りでき、平等で、会話が活発に行われ、精神的安定を得られる場である。家庭や学校が居場所でないという子どもたちにとって、「サードプレイス」はとくに重要である。

　日本でも「居場所」の必要性は、社会教育、フリースクール運動、臨床心理学、建築学など、様々な領域で指摘されている（高橋2019：29）。福祉分野では、例えば、公益法人さわやか福祉財団が『居場所ガイドブック』という冊子を刊行している。その冒頭は次のようである（公益法人さわやか福祉財団2019：1）。

　　「全国各地で居場所の必要性が高まっています。高齢者だけでなく、子どもたちや子育て中の人、若者世代、生活に困窮する人たち、障害を持つ人たち、認知症の人たちなどあらゆる世代における課題を解決する手法になっています。まずは人と人とがつながることが、その解決のきっかけになるからでしょう。」

　居場所は人と人とのつながりをつくり、課題を解決するきっかけとなる場所であると書かれている。他に、地域福祉の観点からコミュニティカフェを研究した『コミュニティカフェと地域社会』という本がある。同書はコミュニティカフェを「飲食を共にすることを基本に、誰もがいつでも気軽

に立ち寄り、自由に過ごすことができる場所」であると定義している。そのようなコミュニティカフェは、「ニーズキャッチの場あるいは予防的な場として期待される」とともに、ソーシャルワークの「実践の場の1つ」であると述べている（倉持2014：261、263、265）。

（2）予防的「支援」

　福祉的機能を、困難の予防、課題の発見、課題の解決に分けるならば、校内居場所カフェの役割の中心は困難の予防である。前出の松田ユリ子さんは、カフェの目的を「生徒のかかえる課題が重症化することを未然に防ぐための『予防的支援』である」と述べている。そして予防的支援の中心的方法が、「交流相談」であるという。交流相談は、「ぴっかりカフェ」の開設前から図書館で石井正宏さんがはじめていたもので、これを発展させて「ぴっかりカフェ」にしたのであった。交流相談とは、「誰もが目的を言わずにいることができるオープンな場所で、支援者が人々と出会い、顔見知りになることから始め、課題の早期発見と解決につなげる支援の予防のこと」である（松田2018：101-103）。

　カフェが予防的支援をメインとすることについては、田中俊英さんも次のように述べている（末冨・田中2017：274）。

> 「問題が大きくなってからの『指導』ではなく、その前の段階での『課題発見』や、不登校や校内トラブルの『予防』的機能をカフェは持つ。また、居場所カフェによって貧困や虐待問題が発見され、高校ソーシャルワーカーやカウンセラーによって支援環境が整備されていく、『支援の起点』ともなる機能がそこにはある。」

　居場所カフェでスタッフが行っている上述のような活動は、ソーシャルワークのインテークにあたると言えよう。ソーシャルワークとは、社会生活上の困難を抱える人々に関わり、必要な制度やサービスの利用に結びつけたり、家族や集団、地域などその人を取り巻く環境に働きかけて、その

生活を支援する活動である。ソーシャルワークのプロセスには、①インテーク、②アセスメント、③計画・介入・モニタリング、④評価・終結の段階がある。居場所カフェは、これらのうち主として第1段階のインテークを行うものである。インテークとは、ソーシャルワーカーが生活問題を抱えている人と面談して、問題に関する情報を収集することである。

ところで、ここまで「支援」という語を用いてきたが、カフェで生徒たちに関わってきた運営団体の人々は「支援」という姿勢自体を自問する。「ようこそカフェ」の尾崎万里奈さんは次のように述べている（尾崎 2019：77）。

> 「課題解決の視点から考えると必要なのは『支援者』なのですが、こども・若者が求めているのは、共感する人、共感しながら関わってくれる人ではないかと思います。（中略）この目標に向けて支援する、というような『終わり』はなく、そこで生まれた関係性が続いていくなかで、結果として必要な支援につながっているということなのかなと思います。」

「ぽちっとカフェ」の鈴木健さんは「成果」という考え方を否定する（鈴木 2019：60）

> 「成果指標の中で、その成果を上げた子どもたちが、『よし』で、それを達成できなかった子どもたちは、『ダメ』っていうことではないですよね。共に生きる場としての居場所っていうのは、そういう成果主義を放棄……するっていうところが前提になるんだっていうことを今、痛烈に感じています。」

個々人の主体性を尊重することがソーシャルワークの本来の基本理念である。学校教育においては、子どもたちに共通の目的・目標が前提として設定されていて、子どもの主体性はその範囲内でしか尊重され得ない。居場所カフェが校内の別空間となることの必要性はここにもあるのである。

（3）スタッフにとってのカフェの魅力

カフェには、生徒だけでなく、運営スタッフ・ボランティアなどの大人

の笑顔もあふれている。「カフェに行くのを毎回楽しみにしている」という「ようこそカフェ」のスタッフの1人、富岡克之さんの文章から抜粋してみよう（富岡 2017：21）。カフェの魅力は、まず、生徒から感謝されることである。

> 「カフェのスタッフということだけで、生徒からとても感謝される。さらに、一緒にお茶を飲み、話を聞くだけで信頼を得られる。手作りのスープを出せば『おいしい』『また飲みたい』などと褒められる。」

次に、生徒だけでなく、いろいろな大人たちとも交流できることである。

> 「学生スタッフやNPO職員、専門支援員、校長先生や教職員の方々といった多世代で多様な人と関わり価値観に触れられることで、毎回新しい発見や視点を得られ、自身のブラッシュアップにつながっている。」

学校の教職員からも感謝される。

> 「学校の仕事を増やしている取り組みにもかかわらず、事務職員から教職員まで学校全体が協力的かつカフェに対して感謝をいただいている点である。そのため学校に行きやすい雰囲気が常にあり、気兼ねなく安心して学校に行くことができる。」

そして、生徒たちの成長を実感できることである。

> 「週に1回の短い関わりだが、回を重ねるごとに生徒たちの変化や育ちが見て取ることができる。このように生徒たちの育ちの中に共にいられることを実感できることに何よりの喜びを感じる。」

冒頭で述べたように、カフェを広げようと、高校内居場所カフェの運営を進めてきた団体のメンバーが中心となって、『学校に居場所カフェをつくろう! 生きづらさを抱える高校生への寄り添い型支援』（明石書店、2019年）を作成した。カフェの運営方法、高校との連携のしかた、生徒の支援方法などについて解説している。とくに校内居場所カフェをつくりたいという人は、ぜひ参照していただきたい。

【参考文献等】
・小川杏子「私の視点・高校の『居場所カフェ』」『朝日新聞』2021年7月27日付。
・尾崎万里奈「学校内居場所の意味とは?」柳下換・高橋寛人編著『いま居場所づくりに必要なこと—子ども・若者の生きづらさに寄りそう』明石書店、2019年。
・オルデンバーグ著、忠平美幸訳『サードプレイス—コミュニティの核になる「とびきり居心地よい場所」』みすず書房、2013年。Ray Oldenburg, *The Great Good Place*, Da Capo Press, 1989.
・倉持香苗『コミュニティカフェと地域社会—支え合う関係を構築するソーシャルワーク実践』明石書店、2014年。
・公益法人さわやか福祉財団『居場所ガイドブック—いつでも誰でも行ける場所を広げよう!』2019年。
・末冨芳・田中俊英「高校内居場所カフェから高校生への支援を考える」末冨芳編著『子どもの貧困対策と教育支援—よりよい政策・連携・協働のために』明石書店、2017年。
・鈴木健「共に生きる(共生)とは?」(前掲『いま居場所づくりに必要なこと—子ども・若者の生きづらさに寄りそう』)2019年。
・高橋寛人編著「神奈川県立田奈高校での生徒支援の新たな取り組み—図書館でのカフェによる交流相談を中心に—」『横浜市立大学教員地域貢献活動事業報告書』2016年。
・高橋寛人編著「横浜市立横浜総合高校(定時制3部制単位制高校)におけるカフェ相談」『横浜市立大学教員地域貢献活動事業報告書』2017年。
・高橋寛人「子ども・若者の居場所をめぐる問題構造」(前掲『いま居場所づくりに必要なこと—子ども・若者の生きづらさに寄りそう』)2019年。
・田中俊英「サードプレイスの力」居場所カフェ立ち上げプロジェクト編著『学校に居場所カフェをつくろう! 生きづらさを抱える高校生への寄り添い型支援』明石書店、2019年。
・富岡克之「校内カフェを通して見えること」(前掲『横浜市立横浜総合高校(定時制3部制単位制高校)におけるカフェ相談』)2017年。
・松田ユリ子『学校図書館はカラフルな学びの場』ペリカン社、2018年。

第8章

会話・関係づくり実践としての高校内居場所カフェ
──札幌大通高校ドーリ・プレイスの事例とユースワーク理論から──

横井　敏郎

　わが国では2000年代前半からニート、引きこもりや子どもの貧困が社会的な問題として認識され、若者支援や子どもの貧困対策が取られるようになった。子ども・若者の困難については経済的な貧困問題があって生じている面が大きく、その対策においては家庭や本人への経済的支援が不可欠である。しかし、それとともに子ども・若者の困難の緩和・解消に際して、さまざまな働きかけや援助も重要になってくる。特に学校においては、生徒の学習と発達を支え、何らかの進路を見いだせるようにしていくことが課題といえる。

　ただ、その支援は学校側や関係機関が一方的に押しつけたり、強要するべきものではない。子ども・若者の意思を尊重し、また自らが置かれた状況についての認識を深め、そこから今後の生き方や人生展望を考えていけるような支援が期待される。

　こうした見方に立ったとき、高校内居場所カフェが注目される。この活動のねらいの1つはソーシャルワークにつなぐことにあるが（居場所カフェ立ち上げプロジェクト 2019：18-19）、生徒をただクライアントとして扱い、相談を行うようなものではなく、生徒との関係づくりを通じた実践であるという点に大きな特徴がある。しかし、いまだ新しい取り組みであり、その実践の特質をより掘り下げて理解していくことが求められる。

　これまで高校内居場所カフェについてとりあげた書籍や論文として、高橋（2016、2017a、2017b）、尾崎（2019）、居場所カフェ立ち上げプロジェクト（2019）などがあり、それらは困難な状況におかれた生徒たちを支援す

る機能に注目するとともに、寄り添い型支援や「信頼貯金」（信頼関係）といっ
た言葉でその実践方法の意義を捉えている。また高校の図書室を利用した
同様の相談実践を取り上げた鈴木・松田・石井（2013）は、その方法の特
徴を「交流相談」という言葉で捉えている。本章はこれらの研究を踏まえ
ながらも、この実践の理解を深めるため、現場でのスタッフの行為に焦点
を当てる。実践者たちはそこで何をしており、自らの行為をどう捉えてい
るのだろうか。その分析を通じてこの実践の特質と意義を明らかにしたい。
その際、イギリスのユースワーク理論を参照する。本章で取り上げるのは
札幌市立札幌大通高校の居場所カフェ「ドーリ・プレイス」である[1]。

1. 札幌大通高校「ドーリ・プレイス」：進路相談実践から発展した居場所カフェ

（1）札幌市立星園高校の「進路指導ルーム」実践

　1990年代に入ると、若者の学校から仕事への移行の困難が顕著に表れ、
高校を卒業できても就職も進学もしない進路未定者が多く出るようになっ
ていた。また、社会格差・貧困の拡大とそれによる家庭の不安定化のもと
で、課題集中校では高校中退が大量に発生するようになっており、こうし
た高校では生徒を卒業までもっていくこと、できるだけ次の進路を見つけ
て卒業させることが重要な目標となった。

　札幌大通高校の前身である札幌市立星園高校（昼間定時２学級・夜間定時１
学級併置）では、外部の力を借りることが有効と判断し、札幌市勤労青少
年ホーム[2]と連携して進路開拓・進路相談を行うこととした。同校では
2005年に「進路指導ルーム」を設置し、そこに同ホームのスタッフを常駐
させて、進路や生活、学習の相談に当たってもらうこととした。相談と
いっても、ただ待っているだけでは生徒は来ないので、同ルームでは生徒
の出入り自由とし、飲食も認め、進路のことに限らず、さまざまなことを
おしゃべりできるような運営形態を採用した。若いスタッフを配置し、身

近な先輩のような存在となることで、生徒は構えずに話ができるようにした（N教諭）。この取り組みによって、生徒の家庭環境や生活等のこともわかるようになり、それを踏まえた進路開拓を行っていたことによって進路未定者は大きく減少した（宮浦 2007：市原 2009、2011）。

（2）札幌市立札幌大通高校の「進路相談スペース」

2008年に市立星園高校と他の市立3校の定時制を統合して設置されたのが、本章が対象とする札幌大通高校である。同校は午前部110名・午後部90名・夜間部90名の3部制単位制高校として開設された。

同校は星園高校の進路相談実践を受け継ぎながら、2009年度によりオープンな形態の「進路相談スペース」を設置した。相談スタッフは引き続き勤労青少年ホームから受け入れることとし、「キャリアカウンセラー」という名称で配置することとした。なお、同ホームは2010年に廃止され、相談スタッフの所属はそこで札幌市若者支援総合センターと若者活動センター（4カ所）に変わった[3]。これらの施設は2016年より「Youth＋」と呼ばれるようになっている。

「進路相談スペース」は壁が2面だけのオープンなスペースで、やはりドアのないオープンな職員室のすぐ隣に置かれている。生徒が自由に出入りし、キャリアカウンセラーと気軽におしゃべりできるようにするというのがそのコンセプトであった。しかし、実際に始めてみると、矛盾が生じることとなった。

まずキャリアカウンセラーという名称により、生徒からの進路相談はキャリアカウンセラーに任せればよいという認識が多くの教員の間に生まれた。星園高校の「進路指導ルーム」は進路指導と銘打ってはいるが、それを介して生徒の多様な悩みを聞き取り、問題解決に取り組む場であったが、新設された札幌大通高校の教師たちの間には進路相談スペースについてそのような理解がなかった。他方、キャリアカウンセラーたちは名前こ

そそうなっているが、進学や就職のプロではなく、生徒の幅広い悩みや希望の相談に乗ることを専門としており、専門性と業務に「ミスマッチ」が生じていた。また、生徒たちからも進路相談の場として捉えられ、敬遠されたため、「進路相談スペース」の利用は低迷することとなった（H教諭）。

（3）居場所カフェ「ドーリ・プレイス」の開設

こうした中、2011年に労働政策研究・研修機構と日本学術会議が共催する労働政策フォーラム「若者問題への接近：若者政策のフォローアップと新たな展開」に札幌大通高校教員4名が参加する機会を得た。また札幌市若者支援総合センターの職員3名も参加をしていた。その機会に教員たちは神奈川県立田奈高等学校で居場所カフェ（「ぴっかりカフェ」）を行っているNPOのスタッフとも会い、そこで初めて高校内居場所カフェを知ることとなる（H教諭）。

「進路相談スペース」の利用低迷が続く中、それとは別に生徒たちが安心していられる空間が学校の中に必要だという意識が教員たちの中に芽生え、居場所カフェを導入しようという考えが生まれてきた。H教諭は当時のことを振り返って次のように言う。

　　「家庭がないんだから、ほっとできる居酒屋空間でもないと、どんどん彼らの精神生活がやせていくばっかりだよなと。それをちょっとでも少しふわっとするための空間があって。そしたらまた次を考えていくことができるようになるよなと。そのためには、そこに集う人は比較的良識のある大人でないと厳しいけど、でも教員じゃだめだよねっていうあたりで、いいな、この仕組みということになったんですね。」

またキャリアカウンセラーという役割を負わされていたYouth＋側も本来の専門性にもとづいた役割を果たしたいという意識が高まっていた。Youth＋の職員Y氏は次のように振り返っている。

　　「私たちの意図としては進路相談員という切り口で何とか学校とつながれ

た時代があったわけですから、その武器をかざして「進路相談員です」って言ってたんですが、やりたかったことは進路相談ではなく、その若者それぞれの自立の形に若者施設というハードを背中に置きながら寄り添っていくっていう、……そういうアプローチをしたかったので、……学校の捉えは若者支援施設の進路相談員が来たっていうことになるんですけども。」

　当初、Youth＋側は学校に関わる機会を失いたくないということで「進路相談スペース」の矛盾を表立って言うことはなかったが、時間が経過するとともに学校側もその矛盾に気づき、学校とYouth＋、そしてそこにPTAを巻き込み、3者の間で話し合いがもたれ、居場所カフェの導入が学校に提案されることになる。

　校内では保健支援部と渉外調整会議から提案がなされ、教員たちの間には校内での飲食について異論もあったが（N教諭）、2018年3月に3日間の試行を行うこととなった。場所は同校1階の市民開放スペースを用い、毎回、50名ほどの生徒が訪れた。試行期間中に行った参加生徒へのアンケートでは「次年度以降も実施を望む声が圧倒的に多かった」ことから、2018年度から本格実施に向かうこととした（保健支援部・渉外調整会議 2018）。

2. ドーリ・プレイスの風景

　ドーリ・プレイスの様子を紹介しよう(4)。まず場所は前述のように、校舎内の市民開放スペースが用いられた。ふだん生徒はここを利用することはない。校舎入り口と職員室等がある2階へ向かう階段の中間にパネルで囲われたスペースがあり、そのパネルを外して壁2面だけのカフェの場にする。こうしたドアのないオープンなスペース

を用いていることがドーリ・プレイスの特色である。

　開催回数は月1回程度、12時から18時まで開かれる。利用生徒数は回によって違うが、40〜100人程度が利用する（同校資料）。Youth＋のスタッフ4〜5人のほかに、PTAのOB・OGからなる札幌大通高校振興会のメンバー数人が生徒に対応する。

　12時前になるとYouth＋のスタッフが来校し、パネルを外したり、机や椅子を並べたりして会場を作る。食べ物や飲み物を用意し、トランプやボードゲーム、進路等の情報誌やYouth＋のイベント紹介チラシなどを机の上に並べていく。そうしているうちに、授業が終わり、昼休みに入った生徒たちが上から降りて来る。1人で来る生徒もいれば、2人連れやグループで来る生徒もいる。昼休みになってすぐ来る生徒もいれば、昼食を済ませてからゆっくり来る生徒、午後部の授業の空き時間に来る生徒、授業が終わって放課後に来る生徒、夜間部の授業の前に立ち寄る生徒もいる。時間帯によって生徒数には波があり、ほとんど生徒がいない時間もあれば30人ほどいる時間もある。

　グループでおしゃべりやゲームをする生徒たちもいれば、1人で来てただお菓子を食べたり、飲み物を飲んで過ごす生徒、バイトに行くまでの時間つぶしや勉強の場にする生徒もいる。スタッフと話したいという生徒もいれば、新しい友達がほしいと思ってくる生徒もいる。壁がないので、ドーリ・プレイスの場の周囲に遠巻きに座って眺めている生徒もいる。

　スタッフや振興会のボランティ

アの大人たちとの会話がドーリ・プレイスのそこここで行われる。最近の調子や日常のちょっとした出来事、趣味のことなど、他愛ない会話が多い。ただ、そこから相談に発展したり、また一部には最初からスタッフに相談しようと考えて来る生徒もいる。相談内容は友人関係や恋愛、進路や勉強、生活や家庭のことが多いという。カフェに来た生徒たちの多くは何か茶菓を口にするが、茶菓は生徒と話をするきっかけだったり、生徒の様子を観察する重要なツールになっている（スタッフS氏）。

　午後6時に終了し、スタッフたちは生徒たちの協力も得ながら机と椅子を片付け、パネルをもとに戻す。その後、スタッフたちから担当教員に短時間の報告が行われる。利用生徒数や全体の状況、特に気になった生徒や困り事を相談した生徒のことなどを口頭で話し、記録を手渡す。こうしてドーリ・プレイスの活動が終わる。

　なお、回数は少ないが、Youth＋から「キッチンカー」が来て、無料でクレープなどを提供することがある（上の写真）。

3. 高校内居場所カフェとは何か

　生徒が1人で、また複数で都合のよいタイミングで訪れ、軽い飲食をたしなみながらおしゃべりをするドーリ・プレイスはまさにカフェのような場である。しかし、ただのカフェでよいのなら、安い料金で食堂を利用すればよい。

　次に「高校内居場所カフェ」とはいったいどのような実践として捉えればよいのかを考えていこう。

(1) ソーシャルワークの始まり

　まず、居場所カフェが課題集中校に置かれていることからわかるように、さまざまな困難のもとにある生徒たちをサポートすることが大きな目的としてある。大阪府立西成高校で高校内居場所カフェを最初に始めた田中英俊氏は、もともとひきこもりの若者支援NPOで活動していたが、ひきこもりの若者たちの多くが高校中退者であったことから、ひきこもりを防ぐためには高校中退を予防する必要があると考え、高校や教育委員会にアプローチして居場所カフェを始めた（小川ほか 2019：115-116）。田中氏は高校内居場所カフェの役割を「ソーシャルワークの始まり」と述べている（田中 2019）。

　札幌大通高校の担当教員（N教諭）も次のように言う。

　　「カウンセリングやキャリア探究とか、……自分で申し込める子はすごく申し込めるんですけど、……そこに引っかかってこない、可視化されない、申し込みできない子たちの方が圧倒的多数で、そこがどうしているのか、その子たちがもし来てくれる場があれば必要な支援、次のステップにつなげられるので、その場として設置したい、そういう生徒の救い出しを含めて取り組みをやるべきではないかって……。」

　一方、Youth＋側は次のように考えていた（Y氏）。

　　「札幌大通高校に関してはやはり、貧困状態にある世帯が多い……、それにともなって話し相手がいない、経験機会が少ない、そういう当たり前に同世代が受けられるような経験ができない層がやはり多いかと思いますので、そこにアプローチできる、……そこが重要な割合を占めるかなと思っています。ユースセンターが……大通高校にガッツリ関わってるんですけれども、そこで出会って、さらにまたユースセンターの利用があって、相乗効果として若者にとっての自立に貢献していくというか、なりたい姿のためその実現に貢献する……。」

両者とも貧困やその他の困難にある生徒をまず見出すこと、そして支援につなげていくことを第1の狙いとしている。ただソーシャルワークといっても、クライエントとワーカーの1対1の対面による相談の場にして、そこで問題解決策を決めていくわけではなく、あくまで情報をつかみ、支援につなげていくことが目的となっている。

（2）居場所、サードプレイス、安心と自己表出の場

　以上のように困難な状況にある生徒を支援につなげることが居場所カフェの目的であるが、ただそれだけでなく、すでに述べたように校内にまさに「居場所」、「ふわっとするための空間」（H教諭）をつくることも1つの目的となっている。

　厳しい生活環境にある生徒にとっては家庭も必ずしも安らぎの場ではない。そうした生徒は往々にして学習上の困難も抱えており、また生徒同士の関係もすべてが良好なわけではなく、教室も安心できる場ではない。安心していられ、何かをやるよう求められることもない場は非常に貴重なものである（田中2019：18）。実際、ドーリ・プレイスでは生徒は何かをさせられたり、評価されたりすることはない。ただ座っているだけでもよい。

　居場所という言葉はさまざまな場や関係、活動に対して用いられ、一般化することは困難である。阿比留は、居場所概念は各論者がそれぞれ居場所を定義づけながら議論を展開している状況にあるという。しかし、もともと居場所は安心して過ごすことのできる場所をつくっていく実践として登場してきたものである。主要な居場所理論も関係性という言葉をキーワードとして、受容されるとともに安心して自らの気持ちを発信し、能動的に行動できるようになっていくプロセスとして捉えているという（阿比留2012：36-45）。居場所とは大人から子ども若者への一方的な働きかけではなく、自己表出可能で、子どもの能動性が尊重され、そして「他者との関係性をつむぐ場」（阿比留2012：39）ということがその構成条件といえよう。

　学校内の居場所は、狭義の学校教育の一環としての作業を課されない場であり、その論理や価値、方向づけによって評価されない場である。学業や進学・就職が生徒にとっていかに重要な課題であっても、それを直接の目的として活動を行うような場ではなく、あくまで生徒がそのままでいる場であり、いるだけということが許容される場である。そして、そこでの行為や実践は、他者との関係性が埋め込まれて展開されるものとなる。

　札幌大通高校ではドーリ・プレイスが開設された当初、「進路や就職に関わる企画などをそこでやりたいというアイデアも出されたが、それをやると別の場になってしまう」として、そうしたイベント等の企画は行わないこととなった（H教諭、N教諭）。

　高校内居場所カフェは「表出的」な支援の場であり、「道具的」な支援の場ではない[5]。進路についてアドバイスをもらうこともあるが、そのための場として設定されているわけではない。本音をもらすことが可能な場、これが居場所カフェの場的特質である。

（3）会話と関係づくりを通した自己実現サポート

　ドーリ・プレイスの風景は先に書いたとおりであるが、そこでスタッフは何をしているのだろうか。

　「ドーリ・プレイスでは何をしているのか」と聞くと、Ｓ氏は居場所カフェでの仕事は「生徒と話すこと」、「声かけとおしゃべり」だと言っていいという。生徒たちに声をかけ、「まずはつながってコミュニケーションを取る」ことが自分の仕事だと言う。やってきた生徒に挨拶の声をかけ、最近の調子を聞いたり、茶菓を勧めながら日頃のできごとや趣味など他愛ないことについておしゃべりをする。

　そして、「誰でも、目的がなくても来所できるような場所をつくること、またスタッフと信頼関係を築」いていくことである。Ｓ氏は「雑談のようなハードルの低い声掛け」や「飲食物の提供やアナログゲームを通じて交

流を図り」、信頼関係を築いていくことが自分の仕事であるという。会話を通して生徒との信頼関係をつくっていくことで、「生徒自身も気づかないような悩みごとを話せるようになり」、「進路や家庭の状況」を聞き取ることもできる。

　スタッフのH氏は、生徒たちへの「自己実現の機会の提供」という思いでこの取り組みをやっているとして次のように言う。

　　　「最初からこういう悩みがあるんだっていう子はなかなかいない……。やっぱりみんな雑談から入って……そこから『実は○○部なんだけど、なかなか部活行けなくて』とか、『部活入りたいけど、この人が苦手だから入れない』とか、そういう部分をこちらが汲み取って、Youth＋は5施設あるので、その子の家に近い場所を聞いたり、実際につながったり、あとは先生に連絡をとったり、そういう部分に広げていくという役割を担っています。……ここ（Youth＋）につながったら、例えばスポーツや手芸など文化的なイベントなど、色んなイベントが行われているので、その子のニーズに応えられる、その手助けができるという意味で自己実現という言葉を使っています。他の人から見たらただの会話でしょっていうものが意外とその子にとっては重要なということがあります。」

　会話と関係づくりを通した自己実現サポート、これがドーリ・プレイスで行われている活動であり、高校内居場所カフェの実践的な本質である。

4. ユースワーク理論からの考察

　上のような会話と関係づくりを通した自己実現サポートとは、ユースワークの実践そのものと言ってよいだろう。

　ユースワークという言葉は、1980年代より海外の取り組みを紹介する研究論文等で使われてきたが、日本の青少年行政や若者支援現場ではあまり使われることはなかった。最近は一部の研究において、また若者支援活動の現場においても見かけるようになったが、まだその実践的特質や意義が

広く理解されているとはいえない。本節ではユースワークという実践の特質やその意義について確認したい。

　ユースワークという言葉は多くの国で用いられているが、多様な制度や文脈のもとで行われており、いまだ統一的な定義を作成することは困難とされている（Cooper 2018：3-4）。そこで、本章ではイギリスのユースワーク運動団体"In Defence of Youth Work"に関わる潮流の議論を参照する。これはユースプレイスの廃止縮小が進められる中でユースワークを守るための活動を展開している団体である[6]。この潮流の研究は本来のユースワークの理念や原則、価値を明確にしようとしており、参照する価値があると考える。

　その中心的な論者の1人であるBernard Daviesは、ただ若者との活動であればすべてユースワークであるという考えに落ち込んでいる人が多いと批判する。彼は「ユースワーク：私たちの時代のためのマニフェスト―再考」という論稿で、9つのユースワークの原則をあげている（Davies 2015：103）。その第1の原則は「オープン・アクセス」であり、若者が自ら選んで参加した場で行われることである。その他の原則を紹介する紙幅がないが、ほとんどは若者の自発性を担保するような条件や若者の意思の尊重といったものである。Daviesはユースワーカーの働きかけを軽視しているのではない。しかし、自発性を前提としなければ、若者は単なる被支援者という客体でしかなくなる。

　Daviesはユースワークの中核的な教育的コミットメントとは「若者の個人的な潜在能力（personal potential）を引き出す」ことであるとする（同：96）。若者の自発性を担保しながら、若者が自己の潜在能力を伸ばし、自分の経験や周囲の世界に対して批判的かつ創造的に対応できるよう促す実践がユースワークである（同：100）。

　また、Daviesとの共著もあるユースワーク研究者のBatsleerはユースワークを次のように定義する（Batsleer 2008：5）。

「ユースワーク⁽⁷⁾とは、対話、会話のことである。ユースワーカーは何を
するのか。耳を傾け、話をする。関係を作る。若者が声を出せるようにする。
『会話』とは、その実践が最高の状態で可能となる相互学習を意味するも
のである。インフォーマル教育には、教育者と学習者の役割がそれぞれ存
在している。」

　ユースワークとは会話（conversation）と対話（dialogue）を行うことであり、
ユースワーカーの仕事は聞き、話すこと（listen and talk）である。ユースワー
クとは若者の声を引き出すために話し、聞き、関係をつくるインフォーマ
ル教育である。インフォーマル学習とは日常の文脈で学ぶことを指し、イ
ンフォーマル教育者はその学習を促進することを役割とする（Batsleer
2008：5）。ユースワークとは「若者がやりがいのあるものに価値を見出し、
充実した生活を導き、自己肯定感を獲得し、経験を理解し、コミュニティ
の責任あるメンバーになることを支援する」インフォーマル教育と捉えら
れる（Batsleer 2010：162）。

　これは先に見たドーリ・プレイスの実践、すなわち会話と関係づくりを
通した自己実現サポートとぴったり重なるものである。スタッフの行為と
いう点から見た場合、高校内居場所カフェとはまず会話実践である。そし
て、それを通じた関係性構築実践であり、若者自らが価値を見出し、社会
に参加することを支えるインフォーマル教育＝学習と捉えられる。

　高校内居場所カフェは困難な状況にある生徒の発見とソーシャルワーク
へのリファーを目的としながらも、生徒が安心して自己表出ができる居場
所の役割をもち、そして会話と関係づくりを通じて生徒の個人的な潜在能
力を引き出し、自己実現を支援していくインフォーマル教育である。居場
所という自己表出が可能な場において会話と関係づくりを行い、生徒の希
望や可能性を引き出していく実践はまさにユースワークということができ
る。ここに高校内居場所カフェ実践の本質がある。

　札幌大通高校ドーリ・プレイスの運営は、若者の余暇活動をサポートする若者支援施設Youth＋が行っている。大阪府立西成高校のとなりカフェはひきこもりの若者支援NPOから派生した団体が運営しており、運営者の性格には違いがある。また神奈川県立田奈高等学校のぴっかりカフェは多様な人々が関わるが、多彩なイベントを取り入れており（小川 2019：42、小川他 2019：112）、ドーリ・プレイスとは活動に違いが見られる。ただ、居場所であり、会話を通して信頼関係を築いていき、それを媒介に生徒の希望を引き出していくという点は同じである。

　高校内居場所カフェはこのような実践として捉えられるが、けっして万能ではない。札幌大通高校の生徒数は1,000名を超えるが、利用している生徒の割合は小さく、会話や人との接触が苦手な生徒は訪れることもない。その点でそれは生徒支援活動の「限られた役割」しか果たしていない。しかし、ドーリ・プレイスを通じて実際に支援につながっているケースも見られている（N教諭）。また友達をつくったり、Youth＋につながってそこでさまざまな「自己実現」の機会を得られたケースもある（スタッフS氏、H氏）。「ドーリ・プレイスがあったから高校を続けられた」という生徒もいる（H教諭）。支援に結びつかなくても、スタッフがいて会話をしてくれること、そのことだけで大きな意味をもつ場合もある。

　高校内居場所カフェは困難な状況にある生徒をソーシャルワークにつなぐことを狙いとして開設されたが、またそこは文字どおりの居場所であり、その活動は会話と関係づくりを通して生徒たちの自己実現をサポートし、その可能性を引き出していくインフォーマル教育と捉えられる。この実践の意味がよりよく理解されるよう議論を深めていくことが望まれる。

【注】
(1) 本稿を執筆するにあたって、札幌大通高校教員のN教諭とH教諭（2021年7月15日）と財団法人さっぽろ青少年女性活動協会の若者支援施設Youth＋の職員Y氏（同年8月4日）、同職員でドーリ・プレイスの運営スタッフであるH氏とS氏にインタビューを行った（同年

7 月29日、同年 8 月 4 日）。また、2019年 9 月から2021年 7 月にかけてドーリ・プレイスに
　　計10回訪問し、その中で生徒や元保護者、スタッフと会話もしながら参与観察を行っている。
(2)　運営は財団法人札幌青少年女性活動協会である。
(3)　運営は同じ札幌青少年女性活動協会（2013年よりさっぽろ青少年女性活動協会に改称）で
　　ある。
(4)　本稿はコロナ禍の前の状況を取り上げる。
(5)　表出的（expressive）および道具的（instrumental）という概念については新谷（2012）を
　　参照。
(6)　同団体の詳細はHPを参照されたい。https://indefenceofyouthwork.com/
(7)　原文はyouth & community workであるが、ここではユースワークと訳した。

【参考文献等】
・阿比留久美「『居場所』の批判的検討」田中治彦・萩原建次郎編『若者の居場所と参加』東洋
　館出版社、2012年、35～51ページ。
・新谷周平「居場所を生み出す社会の構築」田中治彦・萩原建次郎編『若者の居場所と参加』東
　洋館出版社、2012年、231～247ページ。
・市原純「困難を抱える若者たちへ支援を届けるキャリア教育」『教育』59（10）、2009年、48～
　54ページ。
・市原純「定時制高校における多職種連携と進路支援の取り組み」『高校生活指導』188号、2011年、
　38～43ページ。
・居場所カフェ立ち上げプロジェクト編『学校に居場所カフェをつくろう！　生きづらさを抱え
　る高校生への寄り添い型支援』明石書店、2019年。
・小川杏子「ぴっかりカフェ―ヒト・モノ・コト＝文化のフックが社会へつなぐ」居場所カフェ
　立ち上げプロジェクト編『学校に居場所カフェをつくろう！　生きづらさを抱える高校生への寄
　り添い型支援』明石書店、2019年、40～52ページ。
・小川杏子・田中俊英・石井正宏「高校内居場所カフェ実践は学校に何をもたらすか：2 つのカフェ
　運営の事例から」『公教育システム研究』18号、2019年、107～125ページ。
・尾崎万理奈「学校内居場所の意味とは？」柳下換・高橋寛人編『居場所づくりにいま必要なこ
　と―子ども・若者の生きづらさに寄り添う』明石書店、2019年、66～80ページ。
・田中英俊「サードプレイスの力」居場所カフェ立ち上げプロジェクト編『学校に居場所カフェ
　をつくろう！　生きづらさを抱える高校生への寄り添い型支援』明石書店、2019年、15～19ペー
　ジ。
・鈴木晶子「カフェで交流相談しよう！」居場所カフェ立ち上げプロジェクト編『学校に居場所
　カフェをつくろう！　生きづらさを抱える高校生への寄り添い型支援』明石書店、2019年、154
　～163ページ。
・鈴木晶子・松田ユリ子・石井正宏「高校生の潜在的ニーズを顕在化させる学校図書館での交流
　相談：普通科課題集中校における実践的フィールドワーク」『生涯学習基盤経営研究』38、2013
　年、 1 ～17ページ。
・高橋寛人編『神奈川県立田奈高校での生徒支援の新たな取り組み―図書館でのカフェによる交
　流相談を中心に―』横浜市立大学（平成27年度教員地域貢献活動支援事業報告書）、2016年。
・高橋寛人編『横浜市立横浜総合高校におけるカフェ相談活動の取り組みと意義』横浜市立大学
　（平成28年度教員地域貢献活動支援事業報告書）、2017年（a）。
・高橋寛人「交流相談カフェの意義と効果：困難を抱える高校生に『居場所カフェ』を」『月刊

高校教育』50（9）、2017年（b）、32〜35ページ。
・保健支援部・渉外調整会議「『ドーリ・プレイス』の新設（校内コミュニティカフェ）」（札幌
　大通高校調査での入手資料）、2018年。
・宮浦俊明「札幌星園高等学校の進路探求学習・キャリア教育実践」『公教育システム研究』6、
　2007年、79〜93ページ。
・Batsleer, J., *Informal Learning in Youth Work,* London: Sage Publication, 2008.
・Batsleer, J., Youth work prospects: back to the future?, Batsleer, Janet R & Bernard Davies
　(eds.). *What is Youth Work?.* Exeter: Learning Matters, 2010, pp. 153-165.
・Cooper, T., Defining Youth Work: Exploring the Boundaries, Continuity and Diversity of
　Youth Work Practice. Alldred, P., Cullen, F., Edwards, K. (eds.) *The SAGE Handbook of
　Youth Work Practice.* SAGE Publications, 2018, pp. 3 -17.
・Davies, B. Youth Work: A Manifesto For Our Times – Revisited, *Youth & Policy* No. 114,
　2015, pp. 96-117.

第9章

ユースセンターの居場所づくり
——札幌Youth＋の実践から——

大津　恵実

1. ユースセンターの居場所づくりに関わる議論

　本章では、日本における居場所づくりの議論を踏まえ、ユースセンター[1]の取り組みを報告し、インフォーマル教育論の視点からその意義を検討する。

　1980年代以前の若者世代対象の施設は集団利用を基本とし、職員の役割も施設での集団育成を通じた若者の成長支援であったが、1980年代以降若者の集団離れが進み、利用者の減少に悩まされた。そこで、集団利用を前提とせず、ロビー空間を広く開放し、個別スペースをつくるなどして、個人でも多目的に利用できるタイプの施設が大都市を中心に作られるようになった（田中2001：22）。このような背景には、不登校の増加など子ども・若者の居場所づくりの必要性が高まってきたことが大きい。

　「居場所」という言葉の拡がりは、「私たちの主体（自己意識）を根底で支えている基盤や根拠が、機能主義世界の日常によって脅かされている事態」に起因している（萩原2012：25）。近代以降の社会では、目標を設定し、効率よく、すべての人を同じ結果に到達させることに価値が置かれる。そのような価値は企業、学校だけでなくあらゆる日常生活世界に浸透している。「居場所」はこのように自分が生きる世界を生き生きと感じ取ることができず、「自分はここにいても良いのか」「ここにいるのは自分じゃなくても良いのではないか」という実存の危機から広がった言葉である。したがって、ユースセンターにおいても、集団形成以前にまずは個々の若者が

「ここに居ること」を否定されず、存在が認められる空間と人間関係を確保する居場所づくりが意識されてきた。

このように受容的空間を確保することで、安心して自分の気持ちを表現し、能動的に行動できるようになっていく過程に子ども・若者の成長を見るように、居場所は他者・事物との関係性において捉えられている（阿比留 2012：38-39）。人は多様な他者と出会い、多様な事物に触れ、応答的な関係を実感し、時には葛藤しながら、この世界で自分はどう生きたいかという「目標」を持ち、関係を選択したり、新たに創り出すことで、生きている感覚が作られていく。しかし、機能主義が浸透する若者の生活世界では、他者・事物との関係性も社会的に設定された目標を達成するためのものに限定されるようになる。

このような問題意識から子ども・若者の居場所は参加・参画論と結びつき、子ども・若者の自治活動を育み、居場所内外に彼らの意思決定を反映させるための支援が展開されてきた（新谷 2004：7-9）。しかし、意思決定や居場所の外部社会への参画を居場所づくりの「目標」にしてしまうと、そのプロセスは参画できる若者とできない若者を生み出す排除性を伴うものとなってしまう。

居場所づくりは受容的空間の確保と能動的な社会参画を促すという一見異なる方向性の支援を含むため、実践的にも課題とされてきた。さらに、本稿で取り上げるユースセンターは公共施設でもあり、誰にでも開かれた空間であることが求められる。すなわち、同じ施設空間で親密性の高い安心できる空間と公共性・開放性の高い空間を共存させるような状態が求められ、その難しさが空間をめぐる関係性に表れる。

2. 札幌市のユースセンター：Youth+ポプラについて

以上を踏まえ、本稿では「ここに居る」自分の存在が認められ、他者との多様な応答関係が生まれる場を居場所と捉える。そして、居場所づくり

の難しさとして表れる施設空間をめぐる職員と若者の関係性に焦点を当て、札幌市のユースセンター、札幌市若者支援施設Youth＋（ユースプラス）ポプラの取り組みを紹介する。なお、下記の執筆にあたって、Youth＋ポプラでの参与観察を行い、職員の方々には聞き取り調査[2]にご協力いただいた。

（1）札幌市若者支援施設 Youth ＋ について

Youth＋は、「札幌市若者支援基本構想」（2009年）にもとづき、活力ある地域社会の実現を目的として、若者の社会的自立を総合的に支援するため、2010年4月に設置された。札幌市の若者支援施策の目標は「明日の社会を担う若者の社会的自立の実現」とされている。ここでの「社会的自立」とは、「若者が、就業して親の保護から離れ、社会性を身に付けて公共に参画し、社会の一員として自立した生活を送ることができること」と定義されているが、就職や親からの独立、結婚、家庭を持つというだけではなく、「若者自身で仲間づくりしたり、地域、社会などに自主的に参加しながら、社会性を身に付ける」ことが重視されている。また、社会的自立に向けて支援が必要なすべての若者が対象とされている。

前身は青少年センターおよび勤労青少年ホームであり、施設の老朽化、耐震性能不足の問題と、社会状況の変化等により若者の抱える現代的課題への対応が求められていることから、若者支援施設に転換された経緯がある。若者支援施設の設置に伴いその役割は変わったが、札幌市に最初の勤労青少年ホームが設置された1964年以降、若者世代の成長を支援する拠点施設として位置づいてきた。Youth＋ポプラを含む札幌市内5館のYouth＋では、この「札幌市若者支援基本構想」にもとづき、「自立支援」「交流促進」「社会参加」の3つを中心とした事業が行われている。なお、Youth＋5館は、公益財団法人さっぽろ青少年女性活動協会が札幌市より指定管理者として認可され運営を行っている。

（2）Youth＋ポプラの日常

　Youth＋ポプラ（以下、ポプラ）は地下鉄の駅の真上にあるマンションの一角にある。入り口は大通りから１本入った、少し目立たない場所にあり、扉を開けると階段が続く。壁や掲示版にはポプラのグループ・イベント紹介や利用者が撮影した写真やイラスト作品が掲示してあり、若者たちが様々な活動に取り組んでいる様子が伺える。階段を上り切ると、ポプラの玄関がある。靴を脱いで中に入っていくと、若者が集まっており、賑やかな雰囲気が広がる。まさに「自分しか知らない」「隠れ家」のような場所である。

　ポプラの主なスペースは〈活動室〉〈受付〉〈ロビー〉〈キッチン〉である。〈活動室〉は予約制であり、34歳以下の利用者が多いグループは一般料金の半額で利用できる。大学生や社会人サークルなど若者団体がダンス、演劇の練習、ミーティング等の活動場所として利用している。ポプラ以外の市内Youth＋には体育室や音楽スタジオが備えられているところもあり、様々な利用目的を持った若者たちが来館している。また、一般団体の利用もあるため幅広い年齢層が出入りしている。ポプラの主催事業も活動室にて行われている。例えば、ボランティア、百人一首、ボードゲームなどのグループ活動、おしゃべり、映画鑑賞などのワークショップやイベント、勉強会や講座、学習支援事業などである。

　〈受付〉は職員の事務室の一角にある。ポプラを利用するときは、利用証を作成することになっており、来館時には受付に利用証を出してからそれぞれ目的の場所に向かう。事務室のスペースは、パーテーションで仕切

られているが、利用者には受付から今日はどの職員がいるのか、事務室の中でどのように過ごしているのかが目に入る。同様に職員は事務室の中にいてもロビーの若者たちの様子を常に伺うことができる状態になっている。

　そして、その〈ロビー〉は開館時間（10時〜22時）内に誰でも予約無しに自由に過ごすことができるスペースである。Youth＋5館の主な利用対象は15〜34歳の若者であるが、ポプラの利用者は10代後半から20代前半が多い。ロビーには1人でふらっと来ても楽しむことができる仕掛けが多く、ボードゲームやテレビゲーム、ギターなどを借りることができる。1人でぼーっとしていると、職員からゲームや卓球に誘われたり、掲示物の感想を求められることもある。今日は何が行われているのか、どんな人が来ているのか、ロビーで「何か」が起きることを期待して来館している若者も少なくない。また、携帯ゲーム機を持ち込んで友人と対戦して盛り上がっている光景も見られる。1人でスマートフォンで動画を見ている若者、職員と少し真面目な進路の話や家族、対人関係の相談をしている若者もいる。ロビーに来る若者たちは、それぞれ思い思いに過ごしているが、直接話したことがなくても頻繁に利用している若者同士はお互いを認識していることも多い。また、ロビーの一部は自習スペースになっている。パーテーションで区切られたスペースには1人掛けの机と椅子が置いてあり、放課後の勉強場所を求めて来る高校生、予備校以外で勉強をしたい浪人生、テスト期間の大学生も多い。ロビーや受付で利用者や職員が話している声が聞こえるので、静かなスペースではないが、人の存在を感じながら勉強する環境の方が集中できるという。

　ポプラはYouth＋5館の中で最も面積が小さいが、利用者同士の関係も近い。頻繁に利用する若者は、ポプラの近隣地域に住んでいる者も多く、今は別の高校に通っているが、中学校の同級生というメンバーも少なくない。お互いの家族の顔も知っており、地元地域の仲間が集まる拠点という

意識を持つ若者もいる。長期間利用している若者たちがポプラの文化を形成している面も大きく、異動してきた職員は彼らに迎え入れられるような感覚だったという。

なお、ロビーで過ごすことを目的に利用している若者は1日に10〜20名程度だが、活動室の利用の待ち時間にロビーを利用している人たちも多く、1日に40名以上が出入りする

ような日もある。平日の昼間は若者の利用もあるが、一般団体の部屋利用が中心であり、学校が終わる時間帯になると、友達と帰り道に寄って時間を過ごす若者が増える。週末は小学生・中学生の利用が増え、テスト期間前は勉強利用の学生たちで賑わっている。

そして、ロビーの奥には〈キッチン〉もある。コロナウイルスの感染拡大以前は、寄付のあった食材を使用し、職員と利用者が一緒に調理する事業も頻繁に行われていた。また、若者たちも職員に断れば、自由にキッチンを利用できるので、昼食や夕食を自分たちで作ってロビーに来ているメンバーに振る舞う様子も見られた。

（3）利用者にとってポプラはどんな場所？

ポプラの階段には利用者が「ポプラのいいところ」を記載した掲示物がある。

「来たら誰かが居るところ」「駅直結だから来やすい」「職員がフレンドリーで親しみやすい！」「たわいない会話から人生相談までなんでも話せるスタッフがいる」「スタッフをいじったら、そのままののりでからんでくれるとこ!!」「色んな人たちとつながりを持てる！」「みんな明るい」「無

法地帯（だけど秩序があるところ）」など様々な記載が見られる。ポプラの利用者は職員との距離が近く、他の利用者との関わりを求めて来館していることがわかる。

3. Youth＋ポプラ職員によるロビーワーク

　では、Youth＋ポプラの職員はどのように若者と関わり、どのような場をつくろうとしているのか。

　職員が施設内外で「若者と関わる」仕事の幅は広い。施設外は高校など学校に出向くこともあれば、キッチンカーを利用して地域の公園など若者が溜まる場所に出かけることもある。施設内では、イベント企画・実施やグループ育成を通じた若者との関わりも行われている。そして、〈受付〉で積極的に声をかけることから始まり、事務室外の〈ロビー〉を中心に若者と関わりを持つ「ロビーワーク」も業務として行われている。以下では、ロビーワークを中心に若者との日常的な関係づくり、場づくりを見ていく。

（1）日常的な信頼関係づくり

新たな大人像を示す

　ロビーに来る若者の目的は様々である。最初の段階で「相談がある」「友人がほしい」「趣味がほしい」と職員に何かしらの「支援」を求めてくる若者もいるが、そうでない若者が大半である。「自習のため」「友達と会うため」など、利用目的が明確であり、職員の関わりを必要としていなそう

な若者も少なくない。また、「暇だったから」「紹介されたからどんな場所なのか気になって」とこの場に漠然とした期待を持って来館する者もいる。多様な、濃淡のあるニーズを持つ人が集まる中で、職員はどのように関わりを持ち始めるのだろうか。

初めて来館した際は、例えばなぜここの施設の存在を知ったのかを聞いたり、ロビーで提供している食べ物を勧めてみたりと、何かしら好意的な反応がないか探る。利用証を作成するとき、受け渡しをするときに、挨拶に加えて一言かけることを意識している職員も多く、単に場所を貸す施設でないというメッセージを投げかけている。

現代の高校生ぐらいの若者にとって普段の生活で出会う大人は親や教師が中心であり、従わなければならない大人が大半である。したがって必然的に施設の職員も自分より上の立場、従わなければならない存在として認識される場合も多い。そこで職員はそのような大人像を壊しにいく関わりを行う。会話の中で受容的な態度を示したり、ふざけたり、一緒に卓球やゲームで遊んだりすることで親や教師とは異なる新たな大人像を示している。

これまでの経験から大人を信頼していない若者、理不尽なのが当たり前だと思いながら生きてきた若者もやって来る。職員は「こんな大人もいるんだ」「この人だったら信じて話してみても良いかな」と感じてほしいという思いで関わっている。このように職員が雑談や何気ないやりとりをしてくることを認識し、そのことを好意的に受け止め、継続的にロビーを利用するようになる若者も多い。職員との関わりを迷惑そうにする若者もいるが、職員は来館する若者と日常的、継続的に関係性を築くことを大切にしている。

場に広がる信頼

このようにロビーは若者個人と信頼関係を築く場となっているが、職員と若者の1対1の空間にはなりえない。職員が若者個々人に関わる様子も

他の若者の目に入る。また、職員は若者と話しているとき、「そういえば、そのゲーム○○さんもしてなかった？」と話が合いそうな若者や暇そうな若者を会話に混ぜることもある。ロビーは職員を媒介に安心して他者と関わっていくことができる場になっているのである。

また、ロビーと空間的に続いているキッチンでも、いつの間にか「相談」が行われていることが多い。ある職員が料理をしていると、1人の若者がふらっと入って来て、「なにやってるの？」と声をかけられたことがあった。そこから最近見た動画についてなど雑談が始まるのだが、ふと家族のこと、友人関係のことを話し始める。キッチンは半個室で、話し終わると自然と出ていくことができ、人気の「相談」スペースになっている。ロビーにいる利用者も会話の内容は聞こえないが、その雰囲気は感じ取っており、この場所は少し弱音を吐いても良い場所なのだ、相談もできる場所なのだという信頼が広がっていく。

(2)「やりたい」が育まれる場づくり

Youth＋全館では「『やりたい』を『できる』に！」がコンセプトになっており、職員には若者の「やりたい」「やってみたい」「興味がある」ことを実現する手助けをする役割もある。例えば「ギターを弾いてみたい」「レジンをみんなで一緒に作りたい」という声から、若者と一緒にイベントを企画・開催することがある。彼らは遊びや趣味のような活動でも、実現できるという過程を経験していく。それは自分の身近な「社会」に自分の意見を反映させていく経験にもなっている。また、「就職活動について面接官の話が聞いてみたい」という声から講師を招いた学習会を開催することもある。さらに、1回のイベント開催に留まらず、保育士や教員を目指す若者たちが子どもと関わるボランティアサークルを結成し、就職後も共に活動を続けるなど、職員も関わりながら継続的なグループ活動も行われている。

場のあり方を若者に委ねる

　このような若者たちの「やりたい」の声も日常のロビーワークの中から拾っていく。ロビーは上述のように、職員が意図的に関わりを持つ場であるが、若者たちがそれぞれの目的で使い、自由に過ごしている場でもある。ポプラには、条例にもとづいて中学生以下は19時、高校生は21時までに退館しなければならない、喫煙および飲酒行為などの禁止事項はあるが、それ以外の明確な決まりはない。それは施設のあり方、ルールを職員が全て決めてしまうのではなく、利用者にある程度委ねるという意識があるためである。

　緩いルールのロビーで利用者たちは、自分たちに都合良く場を解釈し、どのように振る舞うのかを考えていくことになる。例えば、寝ている、ずっとゲームをしている、騒いでいるというような姿は一般的な公共施設での過ごし方としてはあまり好ましくないのかもしれない。しかし、その姿も若者たちが自分で場を解釈し、居やすい振る舞いをしている結果である。学校とは違い、その場での過ごし方が決められていないからこそ居心地の良さを感じる若者も多い。職員もロビーはその若者の価値観・場の解釈の仕方が表現されるため、ロビーで関係をつくることに意義を見出している。

固定化されていない場の媒介者

　ルールを緩くすることで、施設でできる活動の幅も広がり、ロビーはより多様なニーズを抱えた人たちがつながりやすい場になる。しかし、多様な目的やニーズを持つ人が集まると、それぞれに場の解釈の仕方が異なり、時にはそれがぶつかるようなこともある。

　職員たちは若者が日常的にポプラを利用する中で困っていることを意識的に聞き取るようにしている。ある時、キッチンを使用し食事をしたあと、ある若者が食器の片付けをしないことに対して、不満を持っている若者がいることがわかった。職員はその若者同士が話し合える関係であるか、自分の要望を言うことが本人の成長につながるかどうかを判断し、職員同席

151

の上で彼らの話し合いの場を設定した。後片付けは明確なルールではなく、利用者間の暗黙のルールとなっていたため、双方納得した上でその若者は今後片付けをするということになった。このように日常的な施設利用についてのトラブルには職員も介入し、当事者間でルールや折り合いをつけていく。

　近年は、日常的に若者の声を聞いて施設の運営に反映させていく取り組みが発展し、「ポプラ会議」という利用者が施設のルールなどを決める会議が始まっている。利用者個人間の話し合いで解決する要望だけではなく、「コロナ禍でもカードゲームをやりたい」「施設の備品であるテレビをゲームに使いたい」「夏の暑さをどうにかしてほしい」というような声も出てくる。どのようにしたらコロナ禍でもカードゲームができるか、ロビーのレイアウトをどのようにしたら良いか、予算を伝えて暑さ対策のために何を買ったら良いかなど、利用者の要望と施設のあり方を考える場を設定している。そこでは職員たちも若者たちの要望にどこまで応えるのか、ポプラという公共施設の役割をどのように捉えるかが問われる。

　若者の「やりたい」は初めの段階では必ずしも積極的なニーズではない場合も多い。日常的に施設を利用し、時には他者とのトラブルを経験するなど、異なる価値観を持つ他者と過ごす身近な「社会」への関わりを深めながら表現されることもある。

4. ポプラで紡がれる関係性と若者たちの変化

　このように緩い場をつくることで、本人も気づいていなかったニーズが表現され、新たな関係性が紡がれていく。

（1）表現するニーズの変容

　職員は日常的には若者を受容する態度や他愛のない話を続けていても、仕事や将来についてなど本人が触れられたくない質問をあえてするという

ように積極的な介入を行うこともある。しかしその際には、本人が課題と向き合うタイミング、そして踏み込む職員自身が一緒に向き合うことのできる、信頼できる大人になっているかどうかが意識されている。

　例えば、ある若者は以前からポプラのロビーで、友人と遊んだり、Wi－Fiを利用し携帯ゲーム機を使用して過ごしていた。彼はゲームで遊ぶにあたって、職員に施設の備品使用方法に対する要望を出したり、職員と卓球の対戦をしたりということはあったが、それ以外の会話を求めている様子ではなかった。彼が高校を中退したと聞き、職員たちは本人の進路に関する相談相手になれたらと思い、学校や家庭についての話題を振ってみるものの、あまり反応がない状態が続いた。そこで他愛のない雑談を重ね、まず今本人が何を考えているのかを丁寧に聞くように努め、職員は「あなたのことを気にかけている」というメッセージを投げかけ続けた。すると、ある日ふと学校を辞めた理由や家庭が大変だという話をし始めた。その後、彼は自立支援部門との連携で、仕事探しも始めるようになった。ポプラは彼の進路選択を直接的に支援したわけではないが、職員に自分の気持ちを表現することで、自分の課題と向き合うことができる場となっていた。

　彼はいきなり「あなたは何に困っているの？」「将来や仕事についてどう考えているの？」と聞かれても答えられなかっただろう。彼は進路に関する課題を抱えながらも、ゲームや卓球をする場所としてポプラを利用しており、ゲーム利用に関わる職員との交渉や、利用者との関わりを続けていた。そのような時間・空間を共有することで、職員は周りの大人とは異なり、「自分を気にかけてくれる」「頭ごなしに否定せずに聞いてくれる」という認識を持っていったのかもしれない。このように、ポプラという場への信頼が蓄積されていったことが、本人が自分の気持ちを表現する、語るということにつながったのではないだろうか。

（2）緩やかなコミュニティ形成

　ポプラで行われていた「ポプラキッチン」は職員と利用者が一緒に食事を作り、食べる事業だった。家族が仕事で忙しく、家ではいつも独りで食事をしている若者や、料理をしたことがないという若者も少なくない。

　ある若者は家族が夜に仕事をしているため、一緒にいる時間も少なく、家族が料理をしているのもあまり見たことがなかった。しかし、職員がポプラのキッチンで料理をしている様子に興味を持ち、お湯を沸かすのを手伝ったり、包丁を持ってみたり、野菜を切ってみたりと、小さな作業を積み重ねていった。そしてついに1人で味噌汁を作ることができるようになった。その若者は以前、ポプラでもカップ麺などインスタント食品を毎日食べていたが、ポプラに来館した際にはキッチンを利用して調理をして食事をするようになっていった。

　彼女に限らず、ポプラのロビー利用者たちが「これから昼ご飯作るけど、食べたい人いる？」と、その日ロビーにいるメンバーに声をかけ、お金を出し合い、買い出しに行って調理をすることもあった。利用者たちから自発的にキッチン利用に関するアイデアが提案されるため、職員が企画する事業では、家で作るのが難しい料理に挑戦したり、少し高価なメニューを予算内で作れるような内容にするなど、若者たちのニーズに応える内容を展開していった。

　このようにポプラでは一緒に食事をする緩やかなコミュニティが形成されていた。若者も自身の食生活について考える機会となっており、飲食に関わる仕事をしていて調理が得意な利用者が、他の利用者に調理の仕方を教える姿も見られた。調理後、ロビーで食事をしているとき、ある若者が「こんなふうにみんなで食べるの初めて」とボソッとこぼした。「うちは大家族だからこれでも少ない方だよ」「ここでは自分の取り分があるから良い」などそれぞれの家庭での食事に関する話題も出てきた。一緒に調理を

して一緒に食べる過程において、これまでの若者たちの経験が表出し、共有され、「みんなで一緒に食べるのって楽しいよね」という気づきにつながっていく。また、「美味しかったよ」と自分が作ったものを食べて喜んでもらえたことで、また作ってあげたい、自分も手伝いたいという循環も生まれてくる。このように食事をともにする経験によって緩やかなコミュニティが形成されている。

5. ユースワークにおける居場所：インフォーマル教育の視点から

本章では、札幌市のユースセンターにおける居場所づくりから、若者たちがロビーの私的利用を通して、身近な「社会」、コミュニティへの関わり方を模索し、深めていることを示した。このようなユースセンターの取り組みは欧州のユースワーク[(3)]から学んできた影響も大きい。特にイギリスにおいて、若者と関わるユースワークはインフォーマル教育としても議論されているため、最後にユースセンターの居場所づくりの意義をインフォーマル教育の視点から検討していく。

ユースワークを含むインフォーマル教育には次のような特徴があるとされている（Jeffs and Smith 1977, 2005, 2011）。

- 会話を活動の中心に据えている
- 様々な場所で活動している（ユースセンター、学校、カレッジ、ストリート、ショッピングモール、家庭、職場、社会的・文化的・スポーツ的な場など）
- 人々が自発的に学び、探求し、経験を増やし、変化を起こすことができるような状況を作り、深めていくことを目的としている
- 人々がコミュニティを共有できるような、公正で民主的な関係や組織を構築することを特に重視している

ユースワークにおいては「会話を活動の中心に据えている」が、以前はユースワーカーとして働き、現在はユースワークの研究も進めているDe St Croixは「ユースクラブを訪問したとき、対話、関係、学習をすぐに『見

る』ことができない場合」があり、「ユースワークは混沌としているように見え、聞こえることがある」と述べている。これは「だらだらしている」「遊んでいる」ように見えるポプラのロビーの若者たちの様子と通じる。しかし、彼女は続けて「それは何十年にもわたって発展してきた若者と協力するための首尾一貫したアプローチによって支えられている」（De St Croix 2016：4）と言う。

　それはどういうことなのか。ユースワークには決められたカリキュラムや計画はなく、交流とその場で生じるアイデアによって、教育活動が行われている。会話の中で、ユースワーカーたちは若者たちの考えを深めたり、感情に触れたりするための問いかけや行為の瞬間を捉えなければならない。悩みや問題を「相談」するための会話ではなく、多様な応答関係が生じる場において、自然と出てしまう若者の行為や本音に気づき、信頼関係のもとで、その若者にとって重要な問い、課題、感情を共に言葉にし、深めていくことがユースワーカーの役割である。

　また、本稿では詳細に検討できなかったが、「様々な場所で活動している」とあるように、札幌市のユースセンターでは、施設を利用しない若者へのアウトリーチ活動・デタッチドワーク（detached work）にも取り組んでいる。ユースワーカーは「人々が自発的に学び、探求し、経験を増やし、変化を起こすことができるような状況を作り、深めていくこと」を目的に関わっているが、どの場所でも共通しているのは、ユースワークの場は参加を強制されないということである。日常的に緩やかにつながり、彼らとともに過ごす時間・空間を保障することで、彼らが自分の意志とタイミングで語り、新たな経験を積み重ねていく過程が重視されている。

　しかし、ただ待っているだけではなく、ポプラの取り組みにおいて、若者のニーズや課題が見えてきたときには、食事をテーマに経験を広げる事業を開催したり、会議の場を設定して公共施設としての場のあり方について考えさせることもあった。また、若者個人の家族や友人関係、進路選択

に踏み込み、その若者がより良い生活を送るための人間関係やコミュニティを構築できるための働きかけをしていた。

　自分の存在が認められる空間と人間関係は揺らがなくあるものではない。他者の経験や価値観が表出し、時にはトラブルも起こるような多様な場への参加を通して、自らを表現していく中で、変容しながら模索されていくものである。その過程に寄り添う職員たちも自らの価値観、倫理観が揺さぶられる状況に直面することもあり、若者のより良い生活に必要な関係性、コミュニティとはどのようなものか、「公正で民主的な関係や組織」とはどのようなものか、自分たちはどのように関わるべきかを絶えず問いながら関わり続けていくことが必要となる。ユースセンターはその役割・意義を職員と若者が共同で探求していく場となっている。

　Youth＋は今後の基本方針として若者を支える基盤となる「居場所の拡充」を打ち出しており、他団体と連携し、地域の様々な拠点において協働で若者の居場所づくりを行う事業を展開している。また、コロナ禍を経て、SNS、オンライン事業などデジタルリソースを活用した居場所の拡充も試みられてきた。多様な背景を持つ若者個々の状況に適した出会いや体験活動を提供するため、Youth＋の機能と理念を地域やインターネット上に拡充していくことが目指されている。今改めて、若者が安心してそこに居ることができる場を提供すると同時に、多様な社会とのつながりを形成し、異質な他者との応答関係が生まれる身近な「社会」をユースセンター内外にどのように埋め込んでいくかが問われている。

【注】
(1) 第10章で紹介されているようなユースセンターは、日本では制度化されていないが、本章では10代後半から20代の若者を対象とし、広い意味での社会的自立や余暇活動を支援する公共施設をユースセンターとして議論していく。
(2) 執筆にあたり、2021年8月にYouth＋ポプラに勤務する公益財団法人さっぽろ青少年女性活動協会の職員3名にインタビューを行った。
(3) ユースワークの定義、教育的価値については第8章・第10章を参照されたい。

【参考文献等】

・阿比留久美「『居場所』の批判的検討」田中治彦・萩原健次郎編著『若者の居場所と参加：ユースワークが築く新たな社会』東洋館出版社、2012年。

・新谷周平「居場所・参画・社会つながり」子どもの参画情報センター編『居場所づくりと社会つながり』（子ども・若者の参画シリーズⅠ）萌文社、2004年。

・札幌市「札幌市若者支援基本構想」2009年。

・田中治彦「子ども・若者の変容と社会教育の課題」同編著『子ども・若者の居場所の構想：「教育」から「関わりの場」へ』学陽書房、2001年。

・萩原健次郎「近代問題としての居場所」田中治彦・萩原健次郎編、前掲、2012年。

・De St Croix, Tania, *Grassroots youth work : Policy, passion and resistance in practice*, Bristol : Policy Press, 2016.

・Jeffs, T. and Smith, M. K., 'What is informal education?', *The encyclopedia of pedagogy and informal education*, 1997, 2005, 2011.〔https://infed.org/mobi/what-is-informal-education/. Retrieved: December 18, 2021〕.

第10章 ユースワークがひらく教育的価値
──欧州における実践を中心に──

平塚　眞樹

　子ども・若者が育つ環境について考えるとき、日本社会で暮らしている
と「学校」の存在感が極めて大きく、学校以外の育ちの場については、必
ずしもリアルに想起できない場合もある。本稿では、学校外の育ちの場と
して、欧米でユースワーク（Youth Work）と呼ばれる、地域で子ども・若
者の育ちを支える活動と、その拠点としてのユースセンター（Youth
Centre）について、欧州、中でもイギリスの事例を中心に紹介する。学校
教育がしばしばフォーマル教育と呼ばれるのに比して、ユースワークはノ
ンフォーマル、インフォーマル教育に位置づく。本稿では、ノンフォーマ
ル、インフォーマル教育としてのユースワークの発達が、フォーマル教育
の場とは異なる独自の教育的価値を創出・蓄積し、それが日本社会におけ
る子ども・若者の学習支援や居場所づくりの今後の発達にとっても大事な
意味をもつことを伝えたいと考えている。

1. ロンドンにて、若者が語るユースセンター

　「ここにいる時は守られている。ちゃんとした人たちと一緒にいること
ができる。……本当に自分の家みたいなんだ。（ユースセンター内にあり若
者が利用できる音楽スタジオで）レコーディングしてない時は、ビリヤード
や卓球をやったり、ピアノを弾いたり、キッチンだってある。いろんなこ
とがやれるんだ。ほとんど1日いることもある。居心地がいいからね。」[1]
（20代男性）
　「初めてここに来ると最初は（大部屋の）角に座っていたり、自分たちだ

けで別の部屋にいたりするのだけど、そんなときはだいたい20分もしない
うちに、誰かが彼女たちのところに行って、なにか一緒にやらないと誘っ
ている。大人じゃなく、ここにいる子どもたちが。A（ユースワーカー）は
いつも誰かに一緒にやろうよと言っている。「お、新しい子がきたぞ、話
にいってごらんよ」と。ここはいつも誰かが、そうやって人を居心地良く
してくれるところなの。」（20代女性）

　「ここはみんなに機会を与えようとしている。そういう人や場って、あ
まり多くはない。自由に来て、レコーディングができて、自分が表現した
いと思うことを自由に表現できる機会を提供してくれるところって他にあ
る？　僕が住んでいるこのあたりでは、そういう機会が必要なんだ。……
機会がなければ、みんなが思っている以上にひどくなる。何が起こるかわ
かんないよ。」（20代男性）

　「B（ユースセンター名）は本当のところ、リラックスできる場以上だよ。
……（自分には）もっとひどい人生になってしまったかもしれない可能性
がたくさんあった。……僕がいま‘塀の中’にいないで済んでいる理由、
少なくともその一部は、正しい道を行け、努力しろ、明日がより良い日に
なるよう努力し続けろといってくれる良い人たちに、ここで取りまかれて
いたからだ。B（ユースセンター名）が僕にしてくれたことはそれなんだよ。」
（20代男性）

　これは、ロンドンで暮らす20代前半の若者が、10代の頃に足繁く通って
いた地元のユースセンターについて語ったインタビューの一部だ。

　彼・彼女らが育ち、このユースセンターがある地域は、アフリカ系や中
南米系の移民家族が多く暮らす、いわば‘困難な地域（deprived area）’で、
暴力沙汰や麻薬売買もある。子ども・若者は、そうしたリスクに自分もい
つ巻き込まれるかわからない日々を生きている。上記のインタビューでは、
そこで育つ彼・彼女らが、大きく道を踏み外さずに、自分の尊厳を守りな

がら生き抜いていく上で、かけがえない支えになるものを、この「ユース
センター」で得てきたことが語られている。

　ユースワーク、ユースセンターの価値が凝縮して表現されているともい
えるこれらの言葉は、どのようにして生み出されるのだろうか。

2. ユースセンターというところ

　ユースセンターとはどんな場か。国によって地域によって、そのあり方
は様々だが、比較的共通する様子を少し描いてみよう。

　欧州のユースセンターに必ずといって良いほどあるのは、プールバー（ビ
リヤード台）だ。その存在感は大きい。プールバーはユースセンターに行
くきっかけをつくりやすく、1人で立ち寄るにも好適で、知らない者同士
でも自然に交わりやすい。ユースセンターの居場所、交わりにとって良き
媒介だ。そして、誰もが自由にくつろげるソファスペースと、少人数で話
や作業ができる小部屋、自分たちで何かつくって食べられるキッチン、こ
こまでは基本装備だろう。これに加えて、音楽練習室、運動施設（体育館）、
パソコンが使える部屋、オーディオルーム、裁縫・クラフト用の部屋、アー
ト活動用のアトリエ、さらに農場やガーデンがある場合もある。

　ユースセンターは、若者たちが、特に目的なく気楽に立ち寄って時間つ
ぶしをしたり、しゃべったり遊んだり、あるいは個人では用意しにくい機

ユースセンターのプールバー（フィンランド）

材・空間を使って好き
な音楽・アートに没頭
したり、いろいろな過
ごし方や活動ができる
場所だ。日本の中学校
区に1カ所ぐらい設置
されている場合が多
い[2]。利用できるのは

10代から場合によって20代前半。その年代の子ども・若者なら誰でも（予約が必要な施設・設備以外は）無料で予約なしに利用できる。学校が終わる昼以降にオープンし、夜9時頃まで利用できる場合が多い。

とはいえ、欧州でもユースワークの活動がない国もあり、ある国でも、ユースセンター利用者の広がりは国・地域で異なる。ユースワーク、ユースセンターという名称すら知らない子ども・若者も少なくない。やんちゃな若者でも受け入れて関わる場であることから、「あそこは不良のたまり場」と色眼鏡でみられる場合もある。

ユースセンターで若者たちと関わるのが、ユースワーカーと呼ばれるスタッフだ。これも国・地域により様々であるが、総じて財政事情からフルタイムワーカーの配置は限られており、パートタイムワーカーやボランティアワーカーも多い。イギリスでは、ユースセンターを居場所にしていた若者が、徐々にボランティアとしてワーカーの手伝いを始め、その後、職業としてユースワーカーを目指すようになる場合も少なからずある。

ワーカーは、ユースセンターを訪れる、あるいは訪れない子ども・若者たちと関わりをつくろうとし、少しずつ若者に信頼される存在になり、音楽、ダンス、料理、アートなど若者が関心をもつ活動をやってみる手助けを行ったり、話し合いながら、映画づくり、国際交流、地域イベントといったイベント、プロジェクトに取り組む支援をする。文化活動はユースワークにとって核となるもので、中には、自らアーティスト、ミュージシャン、映画制作等

ユースセンターのグラフィティ（フィンランド）

の専門性をもつユースワーカーも少なくない。

　ユースセンターを運営するのは、自治体か民間団体（NGOや宗教団体）が一般的だ。ただ後述するように、近年、「誰でも自由に来れるユースセンター」がユースワークの普通の姿でなくなりつつある国もある。

3. ユースワークはどこから来たか

　ユースワークという活動は、産業革命以降の産業社会化（industrialization）と都市社会化（urbanization）に伴って生まれたとされる。産業革命による中産階級（ミドルクラス）の出現は、自我形成の試行錯誤期としての青年期と余暇の時間をつくり出し、若者による余暇・文化活動としてのユースワーク[3]を生み出す1つの背景となった。他方でやはり産業革命以降の都市には、住居、健康、福祉、教育、文化など様々な生活問題を抱えたスラム（貧困地域）が生まれ、その生活環境改善を目的として、慈善活動や社会改良活動が生まれる。そうした事業で子ども・若者を対象とした活動も重視され、ユースワークのもう1つの背景となった。

　当初はボランタリーな活動であったユースワークに、国・自治体の公的関与が始まるのは、第2次大戦前後と福祉国家形成過程である。例えばイギリスでは、1940年前後に「青少年福祉（youth welfare）」という位置づけでユースサービス（Youth Service）が認知される（Board of Education 1939）が、行政の役割、公的責任が明確に示されたのは、1960年に教育省が公表した「イングランドとウェールズにおけるユースサービス（アルバマーレ報告）」（Ministry of Education 1960）である。この報告書が契機となり、ユースワークは公認された活動となり、公的枠組みのもとで各地にユースセンターの設置や、ユースワーカーの育成・雇用が始まった。

　後に、フィンランドやアイルランドなど、国内法においてユースワークを規定した国もある[4]。また各国単位だけでなく、欧州評議会（Council of Europe）や欧州連合（EU）もまた、ユースワークをはじめとした若者政策

を推進してきた。子ども・女性・高齢者などと同様に、若者（Youth）の福祉もまた、福祉国家体制の一部と位置づけられてきたといえるだろう。

4. ユースワークのストーリー

　欧州におけるユースワークが、実践を通して生み出してきた独自の教育的価値とはなにか。以下ではこの問いに近づくために、まず、ユースワークとは何かを端的に表している「ストーリー」を紹介したい。そしてその後、ストーリーを読み込んでいくことにしたい。

　以下で紹介するのは、イギリス（イングランド）で活動してきたIn Defence of Youth Work（以後、IDYWと略）[5]が編集した「これぞユースワーク：実践のストーリー（This is Youth Work : Stories from Practice）」（In Defence of Youth Work 2012）という冊子に所収されている12のストーリーの1つである。IDYWは、後述するように、イングランドにおける政策動向が、ユースワークの本来的あり方を根こそぎにしかねないとの強い危機意識を共有したユースワーカーや研究者等が組織した自主グループである。

　この冊子は、ユースワークの本来的あり方を自ら問いかけ、論じ合い、その価値を世に問うためにつくられた。掲載されているストーリーは、守秘義務等から、実際の実践そのままではなく、ユースワークの本来的あり方を伝えるにふさわしい複数の実践を組み合わせ編集したものである[6]。

〈グラフィティ（Graffiti）[7]のもつ力～盛り場でのユースワーク[8]〉

　盛り場では大人も大勢が酒を飲んでいるのだが、役所に寄せられるのは、いつも若者に関する苦情だった。町中に集う若者たちは、時に100人近い大集団になることもあったが、基本的にうまくやっていた。にもかかわらず、場所を移動させられたり、反社会的行動禁止命令（ASBO）[9]を向けられたりしていた。警察には偏見があり彼らを特定地域の若者たちだと思っ

ていたが、実際には町中のいろいろな場所から来ていた。

　ある夏、「反社会的行動」事件の発生を警察が確認したということで、ASBOチーム、警察、議会からユースサービスに連絡があり、町中に出て活動するユースワーカーのチーム[10]が当該の若者たちに関わり始めた。自分の住んでいる地区のユースワーカーを知っている若者との間では、すぐに会話が弾んだが、初対面の若者たちもいた。ワーカーたちは、はじめはあまり長居しすぎないよう意識した。自分たちは彼・彼女らの場所（space）の客（guest）であり、自分たちを迎え入れてくれたのは特別なことだという構えで関わり始めた。最初は多少の障壁もあったので、試行錯誤しながら、お互いの共通点を見つけていった。

　2週間ほど、ユースワーカーは若者たちを知ることにつとめ、ワーカーと関わりたいと若者たちから思えるようになる環境づくりに取り組んだ。教会の庭に1週間ほど一緒に座り、若者たちの話に耳を傾けた。「あなた方は耳が2つ、口が1つなんだから、その割合通りに使いなさい（自分が話しすぎず、まず聞きなさい）」と、あるユースワーカーから言われた通りに。

　こうして、なぜ町中に来ているのか、町の何が好きで、何が嫌いかといった話を100人以上の若者から聞くことができた。話を聞きながらワーカー側からは若者たちに、簡単に手に入ってしまうアルコールを含む薬物の情報や、警察による職務質問と身体検査（stop-and-search）に対する自衛の権利を記したリーフレットを配布したりもした。

　多くの若者は、町に来る理由は単に友達に会って一緒に過ごすためだけだと答えた。ある若者は、町中で何をしたいのかと尋ねられたとき、「そんなことを尋ねられたのは初めてだ」と口にした。そのうち彼らは、教会の庭に座っているのにも飽きて、どこかちょっと立ち寄れる場所（drop-in）に行きたいとワーカーに話し出した。

　ある若者がグラフィティのワークショップをやろうと提案したので、ユースワーカーは、やはりユースワーカーであるグラフィティのアーティ

ストに声をかけ、町中でワークショップを開くことにした。初日、グラフィ
ティ・アーティストのユースワーカーは、若者たちにグラフィティのテク
ニックを伝えながら、君たちは描ける、描き損じても全然構わないと言い
続けた。ワークショップは、絵が好きで得意な若者だけでなく、すべての
若者が成長できるような計らいがされていた。

　描かれたグラフィティ（ボードに描かれた絵）は、若者たちがなぜ町中に
来ているのかを物語るものだった。そこに「なぜ若者は無視されているの
か」と書き添えて、できあがったグラフィティは役所関係者に提出した。
時間はかかったが、ユースワークのマネージャーの支援もあり、このアク
ションに応えて、毎週土曜日の午後4時から9時まで、町の中心部にある
オフィスがユースワーカーたちに任されることになった。そして、100人
近くの若者でも集まれる「たまり場（ドロップイン）」がオープンした。若
者たちはその後、旅行に行きたい、コンピューターゲームをやりたいと、
やりたいことを次々に言い始め、ハロウィーン企画も行われた。

　とはいえ、「たまり場（ドロップイン）」に来たがらない若者も中にはいた。
そこで若手の女性ボランティアユースワーカーが、彼らでも参加できるこ
とがないか、当人たちと話をしに出かけた。彼らは彼女には率直に、「もっ
と大きくて、ビリヤード台があるところがいいんだ」と答えた。

　その後、街の中心部にある他の施設にもメディア・ワークショップのス
ペースがオープンした。その一方で、こうした場を利用しない若者たちと
の会話も継続していた。

　ユースワーカーたちは、自分たちを「管理者」とは全く考えていなかっ
たが、警察はこの「たまり場」ができたことで反社会的行動が減ったと歓
迎し、活動のインパクトに感銘を受けていた。そして、「たまり場」にホッ
トチョコレートを飲みにやって来ることになった。若者たちは最初、（警
察と顔を合わせたくないと）出て行こうとしかけたが、（ユースワーカーから）
説得されて残り、そして警察に議論を挑むことになった。警察が使う「不

良」という語の使い方等をめぐり、若者と警察の議論が交された。

　このプロジェクトには、他にも様々な成果（outcome）があり、周囲から評価を受けた。中には意図したことも意図しなかったこともあったが、様々な機関が様々にインパクトを評価した。しかし、プロジェクトにとって最も重要なのは、記録するのが難しい、若者とユースワーカーの会話だった。

　いま「たまり場」の若者たちは、役所、警察、ASBOチームとの会議に参加して、この町の若者戦略（Town Youth Strategy）の作成に関わろうとしている。この戦略では、スケートボードやBMXに興味がある若者を想定し、町中に彼・彼女らのための場所をつくることを目指している。

5. ユースワーク独自の教育的価値（Values）

　前節のストーリーから、ユースワークのどのような教育的価値（value）を読み取れるだろうか。ここでは、関連するいくつかの議論と交わり合わせながら考えてみたい[11]。

（1）誰もが自由に参加できる開かれた活動と場

　多くのテキストなどで必ず第一義に挙げられるユースワークの独自性は、「子ども・若者が、誰でも自分の意思（voluntary）で参加できる、開かれた（open access）場で行われる活動である」（IDYW）ことである。若者の自発性に任されるということは、その場に「来ることも離れることも」（Davies 2021）、参加の呼びかけに「応じることも断ることも」（Smith 2013）若者の選択であることを意味する。ワーカーは、来ることも来続けることも強いられない環境で、若者たちと関わりを深めていく。

　別の角度からみれば、誰でも自由に参加できる、開かれた「場（Place）をつくる」ことがユースワークの仕事・活動ということだ。先述のアルバマーレ報告でも、「ユースワークはまずもって、このバラバラな世界で、若者が、仲間意識と互いへの敬意や寛容を保ち、育てていけるような交わ

りの場（Place）を提供すべきである」（Albemarle：37）と指摘している。

　先のストーリーでも、警察が手を焼いていた若者たちを任され、若者からみれば「強いられた」出会いから活動が始まっているが、ユースワーカーは、「はじめはあまり長居しすぎないよう意識し」、「自分たちは彼・彼女らの場所（space）の客（guest）であり、自分たちを迎え入れてくれたのは特別なことだという構えで関わり始め」、「ワーカーと関わりたいと彼らから思えるようになる環境づくりに取り組んだ」。強いられた出会いを、ユースワーク本来の自発的な関わりに転じていくプロセスが描かれている。そして活動を通して生み出されたのは、町中に集う若者が誰でも自由に立ち寄れる、開かれた（open access）の場（Place）であった。

（2）若者の‘いまここ’に根ざした学びのプロセス

　ユースワークのもう1つの独自性は、「子ども・若者自身の興味や関心から始まるインフォーマルな教育の活動」（IDYW）であること、とりわけ「『将来』への関心とともに、『若者のいまここ（their here-and-now）』の価値を大切にし、注意を払う」（IDYW）ことである。

　学校教育をはじめとして教育活動は往々にして、教育者が設計（カリキュラム、時間割、クラス編成）し、学習者の‘将来’のために学びが提供される。それに対してユースワークは、あくまでも、「若者自身に焦点を置き」（Smith 2013）、「大人のフィルダーを通さず…若者が今いる場所から」（Davies 2021）始まる。若者の必要性、若者がしたいことに根ざし、若者の友人・仲間関係を積極的に受けとめ尊重し（Davies 2021）、したがって教育者によるあらかじめの‘設計’をもたず、関わりのプロセスを重んじて活動が展開する。

　若者の‘いまここ’に根ざす点で関わりの幅は広く、「若者の福祉（the welfare of youth）」（Smith 2013）全般に目を向け、応える。ユースワークやユースセンターは当初から、余暇活動のみならず、保健・衛生事業や所得支援、衣料等の提供など、若者の生活困難にも広く関わってきた。

　先のストーリーでも、ユースワーカーがまず取り組んだのは、２週間に
わたり100名もの若者のそばで話を聞き続けることだった。そして当初ユー
スワーカーに関心のなかった若者が、立ち寄れる場所（drop-in）がほしい、
グラフィティのワークショップをやろうと言い始めるや、そこから活動が
始まる。「やりたい」ことが実現していく経験を通して、若者たちは、や
りたいことを次々と口にし始め、実現し、次第に周囲にも目を向け、スケー
トボードやBMXに興味がある若者の場づくりに向かう。若者の「いまここ」
から始まる活動が、「いまここ」に留まらず、経験を通した学びが、ダイ
ナミックな活動へと展開するさまが描かれている。

（3）関係をつくる活動・仕事

　第３に、やはり必ずと言ってよいほど挙げられるのは、「若者たち同士
や若者と大人との間に、相互への敬意を払い信頼できる人間関係を作り上
げることを追求する」（IDYW）とあるように、ユースワークの第一義的な
仕事が信頼関係の構築にあることだ。教育活動はしばしば、「個」を育て
ることに注力しがちである。「特に近年は政策的に個々人の知識・スキル
の育成が強調されがちだが、ユースワークにおいては、関係性の構築が理
論的にも実践的にも中心となり、関係性は最も基礎的な学びの資源になる」
（Smith 2013）。関係性の重視は、ユースワーカーと若者の関係だけでなく、
若者同士の関係性も同様だ。「若者同士に縁（関わり）、関係性、コミュニ
ティを育て、それらを介して友情やグループをつくり強めていくこと」
（Smith 2013）がユースワークの活動とされる。

　信頼関係を築いていくうえでは、「誠実（integrity）でありながら、若者
にとって親しみやすく、関わりやすく、応答的であること」が大切であり、
「人を信じる（faith）こと」（Smith 2013）が必要であるとされる。

　先のストーリーにおいても、ユースワーカーは当初から一貫して、自分
たちが若者たちにとって関わりやすく、本音で話しやすい存在になること

を念頭に置いている。また「たまり場」開設後も、そこに来ない若者と関わり、彼らが率直な思いを語れる相手であり続けようとする。ユースワークは教育的関わりではあるが、ユースワーカーは「教える」ことが仕事ではない。若者が自ら学び、育っていくうえで信頼できる存在になり、そうであるからこそ可能な援助を見いだしていく。

（4）自我とコミュニティを育て、批判的・創造的に社会参加する

　第4のユースワークの独自性は、若者の学びと成長に関わる際の焦点にある。学校や職業訓練機関のように、知識やスキルの獲得は必ずしも焦点ではない。自らの文化性の核心となるアイデンティティやコミュニティを太くし、他者への相互理解をもって、自分たちを取り巻く社会に批判的に関わっていく過程の援助が、ユースワークの焦点であり価値である。

　「仲間関係やそのアイデンティティを、幅広く共有しながら活動し、階級やジェンダー、人種、セクシャリティや信仰などを互いに理解し認識しあう」（IDYW）ことが目指され、ワーカーには、「若者のコミュニティや文化的アイデンティティを尊重し、それを広げることに積極的に関わっているか、また若者が求める場合、それを更に強くしていく手助けができているか」（Davies 2021）が問われる。

　またユースワークは当初から、不良少年を更生させる「社会教化」活動であるとの誤解や期待にさらされ続けた経過があり、それに抗するため、P.フレイレ等の「批判的教育学（critical pedagogy）」の影響を濃く受けている。欧州全体を集めたユースワーク大会における宣言（2015）でも、「自分が生きる場への理解を深め、自分を取り巻く社会やコミュニティに批判的に関わっていくことを後押しする」（The 2nd European Youth Work Convention (2015)）ことがユースワークの目的と示されており、ワーカーは「若者が、自らの可能性を育て、これまでの経験や自分を取り巻く世界に批判的、創造的に関わっていくことを励ましながら、若者と、今ここを越えていこう

としているか」(Davies 2021) が問われる。

　先のストーリーでも、先入観や偏見で若者たちを「不良」扱いしていた警察を避けようとする若者たちに、ワーカーは説得を試み、説得に応じた若者たちは、やってきた警察官に議論を挑む場面が描かれている。またストーリーの最後には、「反社会的」とみられていた若者たちが、警察や行政と場を共有して、町の若者計画づくりに参加する様子が記されている。ここにも、ユースワークが、警察沙汰を起こさない若者を育てることを目的にするのではなく、警察や行政を含めた世界に向き合い、批判的、創造的に関わる主体へと育っていく過程の援助であることが示されている。

6. ユースワーカーの倫理・規範 (Ethics)

　前節で示した独自の教育的価値を追求する仕事として、ユースワーカーは、フルタイム、パートタイム、ボランティアを問わず、適切な養成、研修の機会を得て、職業規準 (Occupational Standards) や、倫理・規範 (Ethics) を身につけていくことが求められている。イギリスをはじめ欧州のユースワークにおけるその全体像を示すことは他稿に譲らざるを得ないが、ここでは特に重要な倫理・規範を2点示しておきたい。

(1) 若者の利益に立ったパワーバランスの追求

　1つは、「若者の利益に立った、パワーバランスの追求」(IDYW、Davies 2021) である。ユースワークの活動には、日々、様々な力学が多層的に行き交う。若者とワーカーの力関係、若者同士の力関係、ワーカーと管理者の力関係、他の社会サービス (司法、警察、ソーシャルサービス等) との力関係、などである。ワーカーの重要な仕事の1つは、この様々な力関係を、若者の利益に立って適切な均衡を生み出すようつとめることにある。

　例えば先のストーリーにおいて、若者と警察との力関係はその一例である。ユースワーカーは、自然状態では圧倒的に不均衡な警察「権力」と若

者の力関係の間に立ち、若者がその力を蓄える拠点（たまり場）をつくり、その場で若者が警察に対等で臨む支援をしている。それは無闇に若者の肩をもつことではない。若者の育ちにとっていま最善の力関係とは？それはどのようにもたらされるか？を、日々考え、悩み、挑み続けることがユースワーカーに求められている。

（2）即興的でありながらよく訓練された実践

もう1点は、ユースワーカーが「即興的でありながらも、よく訓練された実践の重要性を認識している」（IDYW）ことである。

先述のように、ユースワークはカリキュラム、時間割、クラス編成などの外形的枠組みを本来もたない。活動や場に参加するかどうかも、若者の自由に委ねられる。日々刻々、様々な背景・事情を背負った若者たちの予測できない‘いまここ’で、若者の発言や行動に遭遇しながら、その機を逃さず活動していく仕事である。

先のストーリーでも、若者がはじめて、「グラフィティのワークショップ」をやりたいと口にしたとき、ワーカーは機転を利かせて、グラフィティのアーティストであるユースワーカーに協力を依頼する。また警察が「たまり場」に来るとの知らせを聞き、思わず出て行こうとした若者たちを留まるよう説得する。これらはいずれも仕組まれたものではない。機を逃さない即興的関わりを常に行うには、ワーカーに十分な訓練の経験が不可欠であることは容易に想像できる。訓練に裏打ちされた即興性こそが、ユースワーカーの最大の専門性であるといえるかもしれない。

7. ユースワークの今とこれから～試練に直面して

本稿ではできる限り、ユースワーク「本来」の姿とそこで培われた教育的価値を描き出そうとした。しかし最後に記したいのは、欧州とりわけイギリス（イングランド）における現実のユースワークが、その本来の姿を揺

るがされる葛藤と困難のただ中にあることである。

　第2次大戦後の福祉国家形成の中で制度化したユースワークは、1980年代以降の新自由主義化やグローバリゼーションによる福祉国家の揺らぎの中で、各国それぞれの試練に直面している。一方では、公的支出の抑制・削減動向により、学校・職業教育訓練などフォーマルな教育以外の公的教育投資が軽視される。他方で、格差拡大、社会的排除の顕在化、若年移行期の変容（A. Furlong 2006）などにより、若者層の「社会的包摂」のニーズが高まり、ユースワークの寄与・貢献への期待が強まる。

　結果的にイギリス（イングランド）をはじめ多くの国々で進行しているのは、誰もが自由に参加できる（open access）自主的な活動（voluntary）としてのユースワークから、「社会的排除」のリスクに直面する「困難」層の若者をターゲット（target）としたユースワークへのシフト、そして、時間を切らず関係と場を構築するプロセス重視のインフォーマル教育活動から、フォーマル教育からのドロップアウト層（Early School Leaver）にセカンド・チャンス（Second Chance）教育の機会を提供し、一定期間で成果（outcome）を問われる活動へのシフトである。（Jeffs and Smith 2002：Batsleer 2013：de St Croix 2018）

　一見、ユースワークの社会的・公共的位置づけはより正統化されつつあるように見えながら、ユースワーク独自の教育的価値が根本から揺さぶられるジレンマにある。試練に直面しつつ、欧州のユースワーク関係者はいま、「ユースワークとは何か（What is youth work?）」の問いを追求する場を国内外各所に旺盛に生み出している。

【注】
(1) イギリスのロンドン西部にあるユースセンターを利用してきた若者たちからのヒアリング（実施日：2017年11月2日、2018年1月3日／ヒアリング実施：北川香、翻訳：乾彰夫、平塚眞樹）
(2) 国・地域、社会情勢によってユースセンターの立地は様々である。
(3) 典型的な初期からのユースワーク活動として、YMCA（1845年～）、ボーイスカウト活動（1907

年～）などがある。

(4) フィンランド　若者法（Youth Act）
https://minedu.fi/documents/1410845/4276311/Youth＋Act＋2017/c9416321-15d7-4a32-b29a-314ce961bf06/Youth＋Act＋2017.pdf?t= 1503558225000（2022.12.5アクセス）
アイルランド　ユースワーク法（YOUTH WORK ACT, 2001）
http://www.irishstatutebook.ie/eli/2001/act/42/enacted/en/html（2022.12.5アクセス）

(5) In Defence of Youth Work
https://indefenceofyouthwork.com/（2022.12.5アクセス）
IDYWは2022年10月で活動を停止した。

(6) 同冊子所収の他のストーリーのうち3編を、平塚眞樹（2019）で訳出した。

(7) グラフィティ（Graffiti）は、カラフルなスプレーで文字や絵を描く、ヴィジュアルなコミュニケーション手法。町中の壁面や列車の車体等に無許可で描かれる場合、非合法な「落書き」とされるが、まちづくりに位置づけられ、パブリック・アートとして描かれる場合もある。

(8) 原題「The power of graffiti: Detached youth work in a town centre 'hot spot'」In Defence of Youth Work（2012）, pp. 21-23.

(9) 反社会的行動命令（anti-social behaviour order：ASBO）は、イギリスで1998〜2014（スコットランドでは現在も継続）、反社会的な行動をしたとされる者に対して出された民事命令。

(10)街中に出かけて、ユースセンターには立ち寄らない若者たちと関わりをつくるユースワークをDetached Youth Work（出張型ユースワーク）と呼ぶ。ワーカーは2〜3人でチームを組み、夕方から夜にかけて若者が集まる場所を歩き回り、少しずつ信頼を構築しながら、若者たちが心を開いて話や相談ができる存在になっていくことを目指す。

(11) ここで主に参照するのは、以下である。
① In Defence of Youth Work 'The IDYW 'cornerstones' of youth work'
② Ministry of Education（1960）
③ Smith（2013）
④ Council of Europe（2017）
The 2nd European Youth Work Convention（2015）
⑤ Davies（2021）

【参考文献等】
・平塚眞樹編、若者支援とユースワーク研究会著『若者支援の場をつくる』Kindle版、2019年、amazon.com。
・Batsleer, J. *Youth work, social education, democratic practice and the challenge of difference: A contribution to debate*. Oxford Review of Education, 39（3）, 2013, 287-306.
・Board of Education, *In the Service of Youth*（*Circular* 1486）, London, HMSO, 1939.
・Council of Europe, *Recommendation CM/Rec*（2017）4 *of the Committee of Ministers to member States on youth work*, 2017.
・Bernard Davies, *Youth Work: A Manifesto Revisited- at the time of Covid and beyond*, Youth & Policy website, 2021.
https://www.youthandpolicy.org/articles/youth-work-manifesto-revisited-2021/（2022.12.5 アクセス）
・Furlong, A., & Cartmel, F. , *Young people and social change*. McGraw-Hill Education（UK）, 2006（翻訳『若者と社会変容』大月書店、2009年）。

・Jeffs, T. and Smith, M. K.（2002）*Individualization and youth work*, Youth and Policy 76: 39-65.

・In Defence of Youth Work（2012）, *This is Youth Work*
https://indefenceofyouthwork.com/the-stories-project/（2022.12.5アクセス）

・In Defence of Youth Work *The IDYW 'cornerstones' of youth work'*
https://story-tellinginyouthwork.com/the-idyw-cornerstones-of-youth-work/（2022.12.5 ア ク セ ス）

・Ministry of Education（1960）*The Youth Service in England and Wales*（'*The Albemarle Report*'）, London, HMSO.

・Smith, M. K. *'What is youth work? Exploring the history, theory and practice of youth work'*, The encyclopedia of pedagogy and informal education, 2013.
https://infed.org/mobi/what-is-youth-work-exploring-the-history-theory-and-practice-of-work-with-young-people/#cite （2022.12.5アクセス）

・Tania de St Croix（2018）*Youth work, performativity and the new youth impact agenda: getting paid for numbers?*, Journal of Education Policy, 33: 3, 414-438.

・The 2nd European Youth Work Convention（2015）Declaration of The 2nd European Youth Work Convention.
https://pjp-eu.coe.int/documents/42128013/47262187/The+2nd+European+Youth+Work+Declaration_FINAL.pdf/（2022.12.5アクセス）

学習支援・居場所カフェ・ユースセンター実践をどう捉えるか？

横井　敏郎

　ここまで10章にわたって、生活困窮世帯の子どもの学習支援事業、課題集中校で導入されつつある高校内居場所カフェ、そして自治体が設置するユースセンターとユースワークを取り上げ、活動を具体的に描きながらその意義と課題を明らかにしようとしてきた。これらの評価をめぐっては意見の対立も見られる。終章では各章の内容を踏まえつつ、これらの活動をどう見るのか総括的に考え、その実践の意義を明らかにしたい。

1. 学習支援事業をどう見るか？

（1）学習支援事業をめぐる意見の対立

　学習支援事業の評価については2つの見方に議論が分かれている。

　1つは、政策論の視点からこれを人的資本向上策の一環と捉えて批判するものである。堅田は、そもそも「子どもの貧困」という問題設定そのものを疑問視する（堅田2019：36-39）。これまで子どもの貧困を取り上げ、議論をリードしてきた論者たちは自己責任論との緊張を回避しながら、それを貧困対策の入り口として戦略的に位置づけようとしているが（阿部2008：松本2013）、子どもの貧困論は、それが大人の貧困の問題であるということを不可視化するという点で大きな問題があるという。

　また堅田によれば、子どもの貧困論はそれを貧困状態にある子どもの教育的不利として問題化するものである。こうした考え方の背景には貧困家庭の子どもの教育機関へのアクセスを保障することで、貧困当事者として

の子どもが能力、つまり人的資本としての質を高め、その結果、安定した職業に就いて将来的には貧困から脱却し得るという〈物語〉が存在している。

こうした教育への支援を通して子どもの貧困を解消しようというアプローチに対して堅田は以下のように疑問を呈する（堅田 2019：46-49）。このアプローチにおいては2つの考え方がある。1つは貧困家庭か非貧困家庭かによって教育の「機会」に格差や不平等があるならばそれを是正すべきであるという考え方である。これは重要ではあるが、どこまでの機会の保障か、またそれが「結果」として貧困の解消にどれほどの効果を持ちうるのかという問題が生じる。2つ目は教育機会を保障することで「能力」を高め貧困から脱却しうるという考え方である。しかし、そのようなことは保障できず、マクロ的にもミクロ的にも貧困は解消しない。

総じて「貧困の世代的再生産」という問題設定は、貧困の個人主義的理解を通して、貧困の個人責任論と親和的にならざるを得ない。日本の子どもの貧困対策は貧困問題を教育の機会の問題に巧妙にすり替えることで、「貧困」それ自体を不可視化する装置となっている。本当に必要なものは「経済給付」であり、生存権の観点から貧困への社会的対応を改めて考えていくことであるという（堅田 2019：49-54）。

確かに国の政策を見れば、生活保護費が削減され、母子家庭への経済的支援が切り下げられる傾向が続いており、子どもの貧困のみならず、政府の社会政策総体を問い直すことが重要である。

ただ、堅田の議論にははっきりしない点もある。教育支援による子どもの貧困対策への対案としてあがっているのが「経済給付」である。上述のように子どもの貧困対策を謳いながら母子家庭への給付を切り下げるという矛盾した政策がとられており、まず家庭に対して本来必要な経済給付を行うことが必要であろう。しかし、ここでは家庭と子どもは完全一体という捉え方になっているのではないか。

筆者自身も以前に子どもの貧困論の射程に疑問を呈し、それは結局家庭

の貧困の問題として捉えることが重要だと指摘したことがあり（横井 2011：32-33）、堅田の指摘に同意する部分がある。しかし、堅田は教育支援アプローチに対してどこまでの機会保障か、結果としてどれほどの貧困解消効果を持ちうるのかと疑問を投げかけているが、同様の指摘は経済給付に対しても当てはまるのではないか。どこまでの給付額を出せばよいのか、いくらか給付が増額されたとしてそれが子どもの生活等の困難の解消にどれほどの効果を持ちうるのかという疑問を提示することも可能である。親と子どもは別の人格であり、家庭への経済支援がいかに子どもの生活・学習や人生を改善するかはまた別途の検討が必要である。つまり、家庭支援か子ども支援かという対立構図が打ち出されているが、前者が重要な基盤をなすとしてもそれだけで子どもの困難が解消するという保障はない。

　学習支援事業についてのもう１つの見方は、学習支援の効果、意義、可能性を見ようとするものである。松本は子どもを世帯に付随するものと捉えるのではなく、「人生の主体」「発達の主体」として理解することが重要であり、「可能性の制限」、「発達権の侵害」が子どもの貧困の「本質」であるとしている（松本 2008：38、49）。また中嶋は貧困問題一般と子どもの貧困を区別し、後者だけ摘出して解決することはできないが、貧困状態にある子どもが直面する問題解決それ自体に第一義的な意義があることを前提としながら、子どもの貧困という問題設定は全般的問題解決につながる糸口としての意義をもつという（中嶋 2020：123）。松村は松本の議論を受けつつ、学習支援の取り組みは子どもの現在および将来の貧困、社会的排除を断ち切る経路となる大きな可能性を持っているとし、また学習支援を通したスタッフから子どもへの支援を「学習支援によるケア」と捉え、他者への気遣いや配慮などの「弱いケア」の面から学習支援を評価する（松村 2020：24、57-58）。また、吉住・伊藤は学習支援への参加とサポーターとの交流それ自体が社会とのつながりとなること、学校や母親から物理的・心理的距離を保てる場であり、なおかつ学習のモチベーションを維持でき

る場となっているとその効果を捉えている（吉住・伊藤 2019：196、202）。

（2）学習支援の二重の機能

　以上のように、子どもの貧困対策としての学習支援事業の評価について
は、マクロな政策論の立場からそれを批判的に捉える議論と、課題を踏ま
えつつ、実践の効果や意義を捉えようとする議論に分かれている。

　前者が言うように、それは貧困そのものの直接的な解決をもたらすもの
ではない。また政策を構造的に見た場合、学習支援政策は現金給付の抑制
とセットのような位置にあるように捉えられる。本書においてもこうした
学習支援政策の限界は指摘されており、学習支援の取り組みの開拓者であ
る青砥の第4章はそれを如実に物語っている。こうした政策分析は十分に
踏まえるべき重要な視点を提供している。

　しかし、学習支援教室が貧困脱出のための学力向上の場として規定され
ているとしても、すでに指摘されているように、そこは人と人とが交流し、
関係を結ぶ場であり、子どもたちの居場所ともなっているという点に本書
は注目したい。本書の複数の章は学習支援のもつそうした関係づくりや居
場所の意義を説いている。第1章（高嶋）は居場所と実感できる関係づく
りとコミュニケーション、交流活動・体験活動等の多様な機会、他の場や
支援へつながる可能性といった点を指摘する。第2章（市原）は体験・交
流を通じた学ぶ意欲の醸成や関係機関等とのネットワーク形成による学
習・生活状況のサポートといった点を評価するが、それだけでなく、子ど
もたちの思いを広くくみ取り、それを通じて「ニーズ解釈」の場へと開こ
うとする点を指摘する。第5章（柏木）はコロナ禍における学習支援事業
の実施状況を取り上げ、多々の制約がある中でも、狭義の学習支援だけで
なく、誰かに気にかけてもらえたり、頼れる大人に出会えたり、ありのま
まを承認されたりする安心できてあたたかな他者とのつながりといったケ
アの機能を抽出している。

学歴上昇による貧困脱出を目的とする学習支援事業は子どもの貧困の全面的解決をもたらすものではなく、そうした点で政策的には大きな限界がある。しかし、また学習支援教室は交流や関係づくりを通して子どもの思いをくみ取り、居場所の役割を果たしながら、その生活と学び、人生に配慮し、支援するという機能を有している。学習支援教室は、政策的に作られながらも、貧困脱出のための単なる学力向上の場となっているのではなく、政策的な制約を超えて子どもたちの関係性を育み、居場所ともなっているという二重の性格あるいは機能をもっている。

（3）二重社会論

　場や社会は必ずしも単一の原理や基準のみに従って存在しているわけではない。その現実を把握するには、複眼的な視角が必要になる。

　田口（2009）は弾性（レジリアンシー）という視点から保健室のもつ「境界性」について論じている。学校の保健室はもともと応急処置をする程度の「医療的空間」にすぎなかったが、現実の保健室は養護教諭がただ医療的な処置を行うだけの場ではない。そこでは養護教諭や生徒たち、担任やその他の教員たちが日々生じる問題や物事に向き合う場所として使っていたり、一貫した役割や目的に拠らずに、逆に役割や目的を曖昧にしながら、話し合いをしたり配慮を交わし合う時間と場所が積み重ねられている。その過程で専門家とクライアントという役割関係は柔軟に「換骨奪胎」され、生徒は別のかたちで人間関係を築いたり、普段とは違った役割を果たしており、生徒たちはそうやってコミュニケーションを楽しんでもいる。

　田口は現代における保健室の意義は確固たる規定で括られるような機能の外部にあるとし、そうした外部を「境界」と呼ぶ。「明確な目的が書き込まれていない余白」、「目的が複数に重なり合う不明瞭で厚みのある境界領域」にこそ保健室の意義がある。保健室は「ハードな人間関係や問題へのクッションとなるような場であり、さまざまな人の声にあふれた弾力あ

る場所」である。そこでは「通常の秩序体系や役割から離れた別のかたちの出会い」があり、友愛や配慮が生まれ、自分や他人の他者性を発見することができる場である。このような保健室は「さまざまな苦悩や問題を抱える生徒にとっての生きられる場」と捉えられる（田口 2009：164-168）。

こうした保健室の捉え方は学習支援教室の機能や性格の理解にも当てはまるであろう。保健室はその公式の役割や機能とは別に、そこを利用する人びとの関係性や意味づけによって育まれる。学習支援教室も公式の政策目的にそって作られながら、利用者やスタッフによって関係づくりが行われ、公式規定とはズレた「境界領域」をもちうるのである。

このような捉え方をするにあたって、小田の二重社会論が参考になる。小田はレヴィ＝ストロース（1972）の真正社会と非真正社会の議論を参照する。レヴィ＝ストロースは、近代社会においてその社会関係は資料やメディアによって間接的に再構成されるようになるが、ただそうした間接的な社会関係のみによって覆われてしまうのではなく、1人の人間が他者によって具体的に理解されるという真正な社会関係も、近隣や職場といったかたちで依然として残っているという。近代社会は、人びとの対面的なコミュニケーションや関係性による小規模な「真正な社会」と、メディアに媒介された間接的なコミュニケーションによる大規模な「非真正な社会」の2つの社会から成り立っているのである。

小田はこうした真正な社会と非真正な社会という2つの社会から成り立つ社会の特質を「二重社会」という言葉で表す。ここでいう真正な社会は孤立したものでも閉ざされたものでもない。それらは非真正な社会のもとでもそれとは異なったネットワークを形成して連なりあっている。私たちはこれら2つの社会を二重に生きているのである（小田 2009：273-274）。

こうした捉え方に対して、ローカルなものも今日のグローバル資本主義が創出したものであり、グローバリズムを支えるものであるという批判が考えられる（ネグリ、ハート）。これに対して小田はハッチンソン（Hutchinson 1996）

のヌアー社会への市場経済の浸透に関する研究を引き、人びとが独自の贈与交換等の行為により一元的な市場経済に陥ることを免れている事例を紹介している。そこでは貨幣システムの追放ではなく、媒体の変換によってそのシステムと真正な社会との間にグレーゾーンを生み出しながらその区別を維持する実践が行われている。これによって、貨幣や法といった一般化された媒体が真正な社会に入り込んでもそれによってただちに非真正な社会に転化させられるのではなく、一般性を「置き換え不可能」な軸（単独性）へと変容させることで真正な社会は維持される。人びとは非真正な社会と真正な社会を区別しながら、それらを二重に生きているのである。

　小田は個人化が徹底されるネオリベラリズムの下で社会的連帯を回復するための方略としてこの二重社会論を提案する。生活保護等による経済的支援を受けても人間関係が失われては貧困からの脱出は困難になる。日常的な生活の場における生存には、人間関係や精神面の「溜め」、そして居場所を作ること（湯浅2008）が不可欠なのである（小田2009：282-286）。

（4）学習支援事業の捉え方

　小田の二重社会論は抜本的に現代社会システムを改革しようとする提案ではなく、そういう面では限界がある。しかし、システムの改革が容易ではなく、少なくともいま直ちに実現できるという見通しがない中で、日々の生存を維持していくためにシステムを「飼い慣らしていく」こと、システムの下にありながらそれに完全に同化せず、真正な社会において微細に変換して生きることを追求することが重要になる（小田2009：287）。

　学習支援教室も現代社会システムを根本的に変革するものではなく、政策的には限界をかかえている。しかし、そこにいる人びとは、ただ政策規定どおりに行動するのではなく、それを自分たちなりに解釈し、意味づけを行い、活用しようとするある種のたくましさをも持っている。これは学習支援教室の飼い慣らしということもできるだろう。学習支援教室の意義

と限界はこのような二重社会論によってよりよく理解できる。

　なお、付言すべきは、あらゆる学習支援教室に真正な社会を見ることが
できるわけではないということである。教室によってはむしろシステムへ
の同化を目指すものもありうる。また、第3章（山本）では学習支援事業
の実施事業者の選定基準に「費用対効果」が持ち込まれ、その創設の理念
がうち捨てられかねない事態が描かれている。第5章（柏木）でも学習支
援の市場化ともいうべき事態が指摘されている。そういう意味では、学習
支援教室はシステムと真正な社会のせめぎ合いの場になっており、その制
度設計や条件整備と運営のあり方が問われなければならない。そうした面
の課題は第1章から第5章にかけて指摘されている。

2. 高校内居場所カフェとユースセンターの実践

　以上のような二重社会論を用いた学習支援教室の捉え方は、高校内居場
所カフェとユースセンターにも当てはめることができるだろう。それらも
二重社会論のいう小さな真正社会の1つとして捉えられるというのが本書
の考え方である。本書後半の各章では、それらがそのような場であり、い
かなる実践が行われているかを明らかにしようとしている。

（1）高校内居場所カフェ

　高校内居場所カフェとはどのような実践であるのかを示しているのが第
7章（高橋）と第8章（横井）である。高校内居場所カフェがいわゆる課題
集中校に開設されていることからわかるように、厳しい環境におかれてい
る高校生の支援がその目的である。生徒がかかえる困難によっては学校や
家庭、個人では解決できず、専門機関の支援や解決を求めることが必要な
場合もあり、そこにつなぐことが課題となる。

　しかし、高校生の場合、その意思や主体性を無視することはできない。
また、相談室を設置しても、閉め切られた部屋の中で1対1で相談をしよ

うとドアを叩く生徒は少なく、自分の課題やおかれている状況が明確になっていない場合も多い。そこで生み出されたのが「交流相談」（第7章）という方法である。これが高校内居場所カフェと言ってもよい。

　飲み物や食べ物をもらいながら生徒は思い思いに過ごすのであるが、そこここでカフェを運営するスタッフとの会話が生まれる。これはただの挨拶や雑談といったものにすぎない。また生徒たちがちょっとしたゲームなどをする場合もあり、それをめぐって自ずと言葉が交わされる。重要なことはそうした交流を通じて関係が作られ、信頼が生まれてくることである。信頼できる関係があって本音の言葉が出てくる。

　本音の会話と信頼関係が成り立つには、その場が安全で安心できる場でなければならない。何かをやるよう求められ、評価される場ではなく、何もしなくても居られる場であり、それはまさに居場所ということができる。

　受容されるとともに安心して自らを表出できる場であるということは、生徒の能動性や主体性の尊重と結びついている。何らかの専門的な支援による問題解決が期待される場合でも、生徒の意思を無視して専門性によって解決が与えられる場ではなく、生徒とともに考えながら歩んでいく場が居場所カフェである。問題解決のための「相談」にいたらなくても、生徒は自分の話をすることを通じて、生徒自身の力で解決に向かっていくも多い（第7章）。正解を与えるのではなく、会話を通して生徒の希望や要求をくみ取り、その実現に向けてサポートするというのがスタッフの立ち位置であり、役割である。これはまさにユースワークというものである（第8章）。

　高校内居場所カフェはNPOと教職員が自主的に創案した活動であり、制度として設置されたものではない。公的な資金もほとんど入っていない。しかし、子どもの貧困対策における学校プラットフォームの構築といった今日の教育・福祉政策の取り組みと類似しており、それと連動していると見ることもできるだろう。経済給付を利用生徒・家庭に与えるものではなく、卒業させることが重要な目標となっていることから、第1節で取り上

げた一方の視点から見ればこれも貧困の個人主義的理解にもとづくものに
過ぎず、貧困問題を教育機会の問題にすり替えているということになる。

　しかし、ここには間接的なメディアを通じたコミュニケーションではな
く、対面の直接的な会話があり、交流を通して信頼関係が育まれる場となっ
ている。高校内居場所カフェは一面では現代社会の非真正なシステムに接
続しながらも、同時にこの社会における小さな真正な社会の1つとしても
存在していると捉えることができよう。

（2）ユースセンター

　札幌市の若者活動センターを事例にユースセンターの実践を取り上げて
いるのが第9章（大津）である。そこでは特にロビー・ワークに注目して
いる。高校内居場所カフェと同様に、ユースセンターも会話と関係づくり
の場である。参加が強制されるのではなく、若者の意志とタイミングで語
り、経験を積み重ねていくことが尊重されながら、やりたいことがサポー
トされる。日常的に緩やかにつながるコミュニティが形成される。

　札幌市にはもともと勤労青少年ホームがあったが、高学歴化や雇用難、
非正規雇用の増大などにより勤労青少年が減少してきたこと、また引きこ
もりなどの若者の増加が社会問題化してきたことから、2009年に若者支援
総合センターと若者活動センターに再編された。札幌市は2010年には子ど
も・若者支援地域協議会を設置し、若者支援総合センターをその調整機関
としている。札幌市の若者活動センター等も国の若者自立支援政策に呼応
して導入されたものということができる。

　しかし、若者活動センターは緩やかなつながりが作られる場となってい
る。それは決して閉ざされた空間ではなく、また単なる同質者の集まりで
もない。多様な社会とつながりを形成しながら、異質な他者との応答関係
が生まれる身近な「社会」（第9章）であろうとしている。こうした若者活
動センターも非真正なシステムのもとにおかれながら、同時に真正な社会

の1つとして存在しているということができるだろう。

3. ユースワークの実践とその意義

　本書の最後には、ユースワークの教育的価値について取り上げた第10章（平塚）を置いている。上述のように高校内居場所カフェ、そして言うまでもなくユースセンターの実践はユースワークとして捉えることができる。これらの実践の意義をよく理解するためには、ユースワーク理論を学ぶことが有益である。第8章（横井）と第9章（大津）でもユースワークの理論について触れているが、第10章はイギリスの理論と事例（ストーリー）からユースワークがどのような実践であり、いかなる教育的価値を有するかを掘り下げている。

　ユースワークとは若者の育ちを支援する活動であるが、それは一方的な押しつけではなく、若者自身の意思で参加でき、また退出できることがまず大前提となる。若者の自発性や主体性を尊重するところからユースワークは始まる。そのためには、ユースセンターがオープン・アクセスであり、自由に参加できる開かれた場であることが必要である。また若者たちの「いまここ」を大切にすることが重要とされる。ユースワークには決まったカリキュラムはなく、若者たちの日常に根ざしたインフォーマル教育である。ワーカーたちはそのためにまず若者たちの話を聞き続け、若者たちの希望や興味を理解していく。

　そうしたやりとりを続けることで若者とワーカーの間に信頼関係が作られていく。ユースワークとは関係づくりと言ってもよく、関係性が最も基礎的な学びの資源になる。こうした関係性はワーカーと若者の間だけでなく、若者同士の間でも作られ、そこにコミュニティ、それも自由で開かれたコミュニティが生まれる。その過程でまた個々の若者のアイデンティティも形成される。ユースワークは決まったコンテンツや正解を教えることではなく、若者が自ら学び育っていけるよう関係性を通して支援してい

く活動であり、そういう意味での教育的な実践である。

　こうした実践の特質や性格はユースセンターで見られるのはいうまでもなく、高校内居場所カフェの実践においても認められる。学習支援教室も学力をつけることが目的とされてはいるが、子どもたちとの会話と交流、関係づくりが行われ、子どもたちの間にはそれを資源にした学びと人生の展望を見出そうという姿勢が多少なりとも育まれており、ここにユースワークと類似のインフォーマルな教育実践を見出すことができる。

　1980年代頃より新自由主義改革や経済のグローバル化が世界的に進められてきた。ネオリベラリズムの統治手法の要点は競争の組織化にあり、それによって社会を統治するというものである。雇用の規制緩和が進められるとともに、人びとは人的資本として捉えられ、セルフ・マネージメントの主体となることが求められる（佐藤 2009：33-51）。

　こうした個人化が進む社会においては、人びとがかかわり合える場を見出すことが非常に重要になる。高校内居場所カフェを取り上げた第7章（高橋）と第8章（横井）でも述べているように、困り事があっても子ども・若者がただちに相談室に向かうわけではない。またあらゆる困り事に応じた相談先があるとはいえないし、あってもそこに丸投げすれば問題が解決できるとは限らない。中西は当人の「現実に介入すること（コミットメント）」が重要であり、そのためには「そばにいる誰か」が一番根本的な条件であるという。誰かがそばにいなければコミットすることもできない。逆に言えば、そばに誰かがいるだけで何らかの介入が生まれる可能性が出てくる（中西 2015：176-177）。

　中西は「たがいが人間らしくかかわって生きられるための配慮・支援」をケアと呼ぶ。このケア的なかかわりは固定的な技術ではなく、人が他者と出会うときの「思いがけなさ」、どのような関係に発展するかわからない「意外性（可能性）」に由来する。そして、それがうまく社会をつくるこ

とに結びつくには、多様なかかわり方が保障されなければならない。弱さや欠陥を持つのが人間であり、そうであるからこそ、多様なかかわりの網の目をつくり、弱さや欠陥を社会の豊かさや質的高さを支える資源へと変換することが求められる（同：65、97-99、111）。

　ここで求められているのは、特別な専門的資格をもっている者ではなく、それ以前のもっと基本的な「素朴な支えの位置にある他者」、「隣にたまたますわっていることで、その人間としての存在を認められる関係にある他者」である。こうした他者とのつながりこそケア的なかかわりの土台となる（同：166-169）。

　社会の中にこのような自己表出と支え合いの場がふんだんにあればよいが、多くの人が自分の生活を守ることに必死になっているのが現状である。そこで、人が出会う場、ゆるやかな依存やケア的なかかわりが可能な場を積極的に創出することが求められる。特に貧困や障害等によって社会的な関係性を十分に持ち得ない人々には、ただちに問題解決をもたらしてくれなくても、そうした生きていくための場が非常に重要になっている。

　居場所やインフォーマル教育の場は単純な数値的な成果指標で評価することは困難であり、それを経験したり、現場に触れる機会がなければ意義を理解することは難しい。学習支援教室や高校内居場所カフェ、ユースセンターはいまだ実践の特質やその意味がよく理解されているとはいえない。そこで本書はそれらの活動の実際を描きながら、その実践の意義を明らかにするよう試みた。

　ブルジェールはネオリベラリズムのもとではケアも「用具化」されるという。そこでは国家はソーシャルワークやカウンセリングなども社会的絆の維持と人的資本の形成に活用しようとする（ブルジェール 2014：90、118-119）。学習支援教室等も現代の統治システムと連動する側面を有している。しかし、そうした統治システムが完全に社会に浸透してしまい、それをはみ出す余地が一切ないというわけではない。システムに接続していながら、

またそこでは真正なコミュニケーションが展開されている。

　もちろん、これらの場のすべてが成功しているわけではない。そこに来ている子ども・若者は一部であり、実践の質に問題を抱えているケースもあるだろう。そのような限界を有しながらも、生の個人化が進む現代社会においてこれらの場の存在意義はけっして小さくはない。

【参考文献】
・阿部彩『子どもの貧困—日本の不公平を考える』岩波書店（岩波新書）、2008年。
・小田亮「「二重社会」という視点とネオリベラリズム—生存のための日常的実践」『文化人類学』第74巻第2号、2009年、272〜292ページ。
・堅田香緒里「『子どもの貧困』再考—『教育』を中心とする『子どもの貧困対策』のゆくえ」佐々木宏・鳥山まどか編『シリーズ子どもの貧困③教える・学ぶ—教育に何ができるか』明石書店、2019年、35〜57ページ。
・佐藤嘉幸『新自由主義と権力—フーコーから現在性の哲学へ』人文書院、2009年。
・ブルジェール、ファビエンヌ『ケアの倫理—ネオリベラリズムへの反論』白水社、2014年。
・田口亜紗「境界の弾力—保健室から考える」荒川歩・川喜多敦子・谷川竜一・内藤順子・柴田晃芳編『〈境界〉の今を生きる—身体から世界空間へ・若手15人の視点』東信堂、2009年、157〜169ページ。
・中嶋哲彦「子どもの貧困対策推進法の意義と問題点」『日本教育法学会年報』第49号、2020年、114〜123ページ。
・中西新太郎『人が人のなかでいきてゆくこと—社会をひらく「ケア」の視点から』はるか書房、2015年。
・松本伊智朗「教育は子どもの貧困対策の切り札か？—特集の趣旨と論点」『貧困研究』vol. 11、2013年、4〜9ページ。
・松村智史『子どもの貧困対策としての学習支援によるケアとレジリエンス—理論・政策・実証分析から』明石書店、2020年。
・湯浅誠『反貧困—「すべり台社会」からの脱出』岩波書店（岩波新書）、2008年。
・吉住隆弘・伊藤千津「生活困窮者支援としての学習支援とは」吉住隆弘・川口洋誉・鈴木晶子編『子どもの貧困と地域の連携・協働—〈学校とのつながり〉から考える支援』明石書店、2019年、191〜204ページ。
・横井敏郎「コメント 子どもの貧困研究の射程」『貧困研究』vol. 6、2011年、31〜33ページ。
・レヴィ＝ストロース、クロード『構造人類学』みすず書房、1972年（原著1958）。
・Hutchinson, Sharon Elaine, *Nuer Dillemmas: Coping with Money, War, and the State.* University of California Press, 1996.

【執筆者一覧】※執筆順

横井　敏郎（まえがき、第 8 章、終章）　編者
高嶋　真之（第 1 章）　藤女子大学人間生活学部講師
市原　　純（第 2 章）　北翔大学教育文化学部講師
山本　宏樹（第 3 章）　大東文化大学文学部准教授
青砥　　恭（第 4 章）　NPO 法人さいたまユースサポートネット代表
柏木　智子（第 5 章）　立命館大学産業社会学部教授
西村　貴之（第 6 章）　北翔大学生涯スポーツ学部准教授
高橋　寛人（第 7 章）　石巻専修大学人間学部教授（横浜市立大学名誉教授）
大津　恵実（第 9 章）　北海道大学大学院教育学院博士後期課程
平塚　眞樹（第10章）　法政大学社会学部教授

【編著者略歴】

横井　敏郎（よこい・としろう）
北海道大学大学院教育学研究院教授

1962年、大阪府生まれ。立命館大学大学院文学研究科博士課程単位取得満期退学。1992年、北海道大学教育学部助手、助教授、准教授を経て2012年より現職。専門分野は教育行政学、若者支援政策。
主著：『教育機会保障の国際比較―早期離学防止政策とセカンドチャンス教育』（編著、勁草書房、2022）、『公教育制度の変容と教育行政―多様化、市場化から教育機会保障の再構築に向けて』（共編著、福村出版、2021）、『教育行政学（第4版）―子ども・若者の未来を拓く』（編著、八千代出版、2022）、『危機のなかの若者たち―教育とキャリアに関する5年間の追跡調査』（共著、東京大学出版会、2017）、『教育機会格差と教育行政―転換期の教育保障を展望する』（共編著、福村出版、2013）

子ども・若者の居場所と貧困支援
――学習支援・学校内カフェ・ユースワーク等での取組

2023年3月30日　初版第1刷発行

編　著　者　　横井敏郎
発　行　人　　安部英行
発　行　所　　学事出版株式会社
　　　　　　　〒101-0051　東京都千代田区神田神保町1-2-5
　　　　　　　☎03-3518-9655
　　　　　　　HPアドレス　https://www.gakuji.co.jp

編　集　担　当　　二井　豪
デ　ザ　イ　ン　　彌デザイン事務所
組版・印刷・製本　　電算印刷株式会社

ISBN 978-4-7619-2909-1　C3037　Printed in Japan